mare

Ina Knobloch

Das Geheimnis der Schatzinsel

Robert Louis Stevenson und die Kokosinsel –
einem Mythos auf der Spur

mare

Die Deutsche Nationalbibliothek verzeichnet diese
Publikation in der Deutschen Nationalbibliografie;
detaillierte bibliografische Daten sind im Internet
unter http://dnb.ddb.de abrufbar.

1. Auflage 2009
© 2009 by mareverlag, Hamburg
Typografie Farnschläder & Mahlstedt, Hamburg
Schrift Foundry Wilson und Linotype Syntax
Vorsatz Peter Palm, Berlin
Druck und Bindung CPI Clausen & Bosse, Leck
Printed in Germany
ISBN 978-3-86648-097-1
www.mare.de

Für Timo und Ben

Inhalt

Vorwort

Immer wieder ist die Schatzinsel aus Robert Louis Stevensons gleichnamigem Roman mit der costa-ricanischen Kokosinsel in Verbindung gebracht worden. Als ich vor über zwanzig Jahren für eine wissenschaftliche Reportage in Costa Rica war, sagte mir meine Intuition, dass die Kokosinsel Stevenson tatsächlich als Vorlage gedient haben musste. Noch bevor ich einen Fuß auf die Insel gesetzt hatte, packte mich das Schatzfieber wie ein Grippevirus. Wobei mich die Vermutung, auf Stevensons Schatzinsel zu wandeln, mindestens genauso fesselte wie die gigantischen Schätze an sich, die noch auf ihre Entdeckung warteten. Der Gedanke, dass beides in direktem Zusammenhang miteinander stehen musste, ließ mich nicht mehr los.

Es begann eine Jagd auf den Spuren Robert Louis Stevensons und der Piraten und Schatzjäger, die ihr Glück auf der Kokosinsel versucht hatten; sie führte mich fast um den ganzen Globus. Unzählige lose Enden der Schatzlegenden um die Kokosinsel und Geschichten um Stevenson hielt ich in den Händen, bis ich die richtigen Verbindungen fand und sie zu meiner Theorie verknüpfen konnte.

Zwanzig Jahre nach meinem ersten Besuch auf der Kokosinsel,

im Sommer 2008, saß ich in Südfrankreich am Rande eines duf-
tenden Lavendelfeldes unweit der Chauvet-Höhle. Hätte mich ein
paar Wochen zuvor jemand gefragt, was Südfrankreich mit der
Kokosinsel verbindet, ich hätte keine Antwort darauf gewusst. Ich
betrat die Höhlenausstellung nahe dem Ufer des Wildwasserflusses
Ardèche, ohne auch nur einen Gedanken an die Schatzinsel zu ver-
schwenden. Doch es fiel mir wie Schuppen von den Augen, als ich
einen Text las, der etwa wie folgt lautete:
> »Zehntausende von Jahren blieb diese Höhle unentdeckt und
> verbarg die einzigartigen Schätze unserer Vorfahren ... Archäo-
> logen haben den da Vinci der Steinzeit gefunden ...«

Die Höhlenmalereien, die vor noch nicht einmal fünfzehn Jahren
im Tal der Ardèche am Rande des überfüllten Touristenortes Val-
lon-Pont-d'Arc entdeckt wurden, sind die ältesten Kunstwerke
der Welt – sie entstanden vor 30 000 bis 33 000 Jahren. Hunderte
von Archäologen haben vor der spektakulären Entdeckung in der
Region schon nach Höhlen gesucht und zum Teil auch gigantische
Gewölbe unter der Erde gefunden.

Solche Höhlen musste es auch auf der Kokosinsel geben. Ein La-
vastrom aus Basalt hatte die Insel geformt – genau wie die Region
der Ardèche. Archäologische Expeditionen waren bislang auf der
Kokosinsel noch nicht durchgeführt worden, aber alle Schatzkarten und -beschreibungen, die ich gefunden hatte, wiesen auf Höhlen hin, alle bisher erfolgreichen Schatzjäger beschrieben Höhlen. Vermutet wird dort noch immer der größte Piratenschatz aller
Zeiten – der Kirchenschatz von Lima. Und es gab noch etwas, das
mich stutzig machte: Fast alle Schatzsucher umwehte der Hauch
des Todes. Wer nicht an mystische Flüche glaubt, kann nur zu einem Schluss kommen: Das Gold liegt noch auf der Insel und die
Gier ist tödlich.

Nach diesem Sommer in Südfrankreich bin ich mir sicherer

denn je, dass der Schatz noch auf der Insel verborgen liegen muss. In den vergangenen zwanzig Jahren haben mich drei Expeditionen zur Kokosinsel, Reisen nach Neufundland, Kalifornien, Schottland und in die Schweiz und unzählige Stunden in Archiven auf die Spur gebracht, warum die zahlreichen Schatzjagden auf der Insel fast alle erfolglos geblieben sind. Meine über die Jahre gewonnenen Erkenntnisse bis hin zu meinem Schlüsselerlebnis im Sommer 2008 führten zu der Idee, dieses Buch zu schreiben.

Auf der Spur des Schatzjägers Peter Disch-Lauxmann und des großen Kirchenschatzes von Lima

Frankfurt–Miami, September 2007

Es kam nur ein dumpfes Knacken aus der Leitung, der Anrufbeantworter sprang fast zeitgleich an. Die monotone Aufforderung, eine Nachricht zu hinterlassen, folgte dreisprachig, auf Englisch, Deutsch und Spanisch. Ich legte sofort wieder auf. Es waren nicht die Telefonkosten, die mich davon abhielten, auf das Band zu sprechen – es war einfach sinnlos. Ich wusste nicht, wie oft ich in den letzten Tagen diese automatische Stimme gehört und vergeblich um Rückruf gebeten hatte.

Peter Disch-Lauxmann konnte oder wollte nicht mit mir sprechen, so viel war inzwischen klar. Und ich konnte und wollte nicht aufgeben. Der Interviewtermin stand fest, das Kamerateam war genauso gebucht wie der Flug. Seit meiner ersten Expedition zur Kokosinsel 1988 stand ich mit diesem Mann in Kontakt. In all den Jahren hatten wir es nie geschafft, uns zu treffen, geschweige denn uns gemeinsam auf eine Expedition zur Schatzinsel zu begeben. Knapp zwanzig Jahre später sollte es endlich so weit sein, wir wollten unser gesammeltes Wissen um die geheimnisvolle Insel und den unermesslichen Goldschatz, der dort verschwunden ist, austauschen. Ich sollte die Erste sein, der er neue Beweise dafür vorlegen wollte, dass die Kokosinsel tatsächlich das Vorbild für Robert Louis Stevensons Schatzinsel in seinem gleichnamigen Roman von 1883 war und der Schatz noch dort sein musste. Aber das war noch nicht alles. Als einer der letzten Schatzjäger von Kokos besaß Disch-Lauxmann Schatzkarten und Dokumente, die er endlich veröffentlichen wollte. Seit die Regierung von Costa Rica dort jegliche Schatzsuche strengstens verboten hatte, waren die Karten zwar nur noch von historischem Wert – aber es waren genau diese historischen Beweise, die mir noch bei meinen Recherchen fehlten. Ich beschloss, Peter Disch-Lauxmann trotz seiner Weigerung, auf meine Anrufe zu reagieren, in Miami aufzusuchen.

Mehr aus Routine wählte ich kurz vor dem Abflug erneut seine Nummer. Ich wollte gerade auflegen, als am anderen Ende jemand abnahm. »Lauxmann«, flüsterte eine brüchige weibliche Stimme – eindeutig Latino – in den Hörer. Ich nahm all meine Konzentration zusammen und antwortete: »Quiero comunicar con Señor Lauxmann!« Pause. Dann kamen zwei Worte vom anderen Ende der Leitung: »El murió.«

Zwei Worte, die ich nicht verstand, nicht verstehen wollte. Ich fragte mehrmals nach, bis mir Frau Lauxmann mit den klaren englischen Worten »He passed away« alle Chancen auf ein Missverständnis nahm.

Tot, einfach tot, das konnte nicht sein. Was war passiert?

Zwei Tage später saß ich im Flugzeug nach Miami auf dem Weg zu Eliette Disch-Lauxmann, der costa-ricanischen Witwe und vierten Frau des Schatzjägers Peter Disch-Lauxmann, der im August 2007 an Herzversagen gestorben war. Seine Asche würde sie später auf der Kokosinsel verstreuen, erzählte mir die Witwe als Erstes, als sie mich am Flughafen abholte. Dass sie selbst mit ihrer Familiengeschichte in die Schatzlegenden um die Kokosinsel verwickelt war, würde sie mir erst später verraten. Die Fahrt vom Flughafen zu ihrem Haus reichte gerade aus, um mir verständlich zu machen, dass sie selbst nie auf der Insel gewesen sei, mit Peter aber hinreisen wollte. Jetzt würde die gemeinsame Reise anders aussehen – Eliette wollte die sterblichen Überreste ihres geliebten Mannes in einer Urne auf die Insel transportieren. Noch stand das Gefäß auf einer Fensterbank in dem einst gemeinsamen Anwesen und fiel zwischen den zahlreichen Indioskulpturen, Vasen, Figuren und Piratenaccessoires kaum auf.

Fast direkt neben der Urne befand sich ein Bild des Schatzjägers und seiner Frau – verkleidet als Piratenpaar. Dabei sah Lauxmann auch ohne Verkleidung aus wie ein Pirat aus einem Hollywood-Film: Sonnengegerbte Haut, langes, zotteliges Haar, ein Schnurrbart und stets ein spitzbübisches Lächeln, das ihm auch mit sechzig Jahren noch jugendlichen Charme verlieh. Lauxmann war der Peter Pan der Kokosinsel. Für ihn war die Kokosinsel Neverland, die Insel, die das Kind in ihm geweckt hatte, eine Abenteuerlust, die nichts mit Habgier zu tun hatte, sondern mit Sehnsucht. Was kann herrlicher sein, als einen sagenumwobenen Schatz zu finden?

Die Kokosinsel wurde für Peter Disch-Lauxmann zu einer Lebensaufgabe. Was immer er finden konnte, was entweder mit der Insel selbst oder Stevensons Roman zu tun hat, hatte er gesammelt, archiviert, analysiert – in einem geheimen Archiv, das selbst für seine Frau tabu gewesen war und jetzt für die trauernde Witwe zu einem Buch mit sieben Siegeln wurde. Wie der Schatz, der angeblich auf der Kokosinsel verschollen ist: einer der größten Piratenschätze der Welt, der Kirchenschatz von Lima. Sein geschätzter Wert beläuft sich auf dreißig Milliarden Dollar. Zu ihm soll eine überlebensgroße, 390 Kilogramm schwere Madonna aus reinem Gold, besetzt mit 1684 Edelsteinen, gehören. Hinzu kommen den Legenden zufolge zahllose Kisten mit Kunstwerken aus Gold und Silber sowie Juwelen und Schmuck. Und auch eine Truhe voll kleinerer Zedernholzkistchen mit 3840 geschliffenen sowie 4265 ungeschliffenen Edelsteinen wird in manchen Erzählungen erwähnt.

Es hatte etwas von dem Öffnen einer Gruft, als Eliette den dunklen Raum im hintersten Winkel ihres Hauses aufschloss. Schale, stickige Luft schlug mir aus dem stockfinsteren Zimmer entgegen, als sich die Tür quietschend öffnete. Zögerlich blieb Eliette hinter mir, nur ihre Hand kam vor, um den Lichtschalter zu betätigen. Im Neonlicht konnte ich sehen, dass die Witwe Tränen in den Augen hatte, als sie zum ersten Mal nach dem Tod ihres Mannes die »heilige Halle« des ewigen Schatzjägers betrat. Ich wollte die Recherche schon abbrechen, doch Eliette war dankbar, dass sich jemand um den Nachlass ihres Mannes kümmern und ihn sortieren würde, bevor sie die Kraft fand, dieses Erbe anzutreten. Sichtlich erleichtert verließ sie den Raum, um Kaffee zu kochen.

Ich entschloss mich, trotz meines Jetlags sofort mit der Suche zu beginnen. Doch was suchte ich eigentlich genau? Lauxmann hatte einen Schlüssel zum Schatz gefunden, aber keine Möglichkeit mehr gehabt, mir mitzuteilen, um was genau es sich dabei handelte. Mir blieb wohl nichts anderes übrig, als das gesamte Archiv zu durchforsten. Die Kälte der Klimaanlage eroberte langsam den Raum und ließ mich frösteln, vertrieb aber im gleichen Maße die massiv aufkommende Müdigkeit.

Das Wandregal, das eine Seite des Zimmers vollständig einnahm, war vollgestopft mit Büchern, Zeitungen und Zeitschriften, Akten und Kladden mit unterschiedlichem Inhalt. Vor dem Regal stapelten sich weitere Unterlagen, sodass ein Durchqueren des Zimmers einem Hindernislauf glich. Ich atmete erleichtert auf, als ich drei gelbe, fein säuberlich beschriftete Zettel mit gleichlautender Aufschrift an den Regalbrettern entdeckte: Cocos, nicht mehr und nicht weniger. Die Aussicht, nur etwa ein Viertel des gesamten Wandregals durchforsten zu müssen, beruhigte mich. In den übrigen Teilen des Regals waren verschiedene Themen untergebracht. Vor allem mit Inkas und Mayas hatte sich Lauxmann in den letzten Jahren beschäftigt; ich sollte später erfahren, dass auch diese alten Kulturen eine Verbindung zur Kokosinsel hatten.

Ich beschloss, mir als Erstes die Kladden anzusehen, und nahm den Stapel ehrfürchtig aus dem Regal. Die meisten Aufzeichnungen kreisten um den »heiligen Gral der Piratenschätze«, den großen Kirchenschatz von Lima, geraubt in einer Zeit, als die Wogen der südamerikanischen Unabhängigkeitsbewegung sich in eine tosende Gischt verwandelten.

Ich weiß nicht mehr, wie viele unterschiedliche Versionen ich über den Raub des Kirchenschatzes von Lima in Lauxmanns Unterlagen gefunden habe – es waren jedenfalls sehr viele. Nicht zu vergessen seine eigenen Gedanken, die er auf unzähligen Manuskriptseiten niedergeschrieben hatte, hinzu kamen zahlreiche Anmerkungen von anderen Schatzjägern. Seine Korrespondenz mit den Nachkommen des deutschen Schatzjägers August Gissler füllte eine weitere Mappe. Fast ehrfürchtig öffnete ich dann den Ordner mit Schatzkarten und historischen Karten der Kokosinsel. Meine Hände glitten kurz über die teilweise antiken Papiere, aber ich beschloss, das Studium derselben zu vertagen – vor allem aus Angst, in meinem übermüdeten Zustand den historisch wertvollen Objekten Schaden zuzufügen. Ich wollte mir noch kurz die Bücher vornehmen, bevor ich den langen Tag endgültig für beendet erklären würde. Die meisten »Schatzwerke« kannte ich bereits, sogar mein eigener Costa-Rica-Reiseführer, den ich bei meiner ersten Expedition zur Kokosinsel 1988 geschrieben hatte, stand in Lauxmanns Archiv, aber ein paar, vor allem spanische Werke, hatte ich noch nie zuvor zu Gesicht bekommen. An einem dünnen, kaum als Buch zu bezeichnenden Heft blieb ich hängen; es beschäftigte sich mit der Geschichte der Familie Jimenez in Puntarenas. Fast im selben Augenblick, als ich das Buch aufschlug, kam Eliette vorsichtig, aber entschlossen mit dampfend heißem Kaffee in den zwischenzeitlich ziemlich unterkühlten Archivraum.

Die Witwe war sichtlich gefasster, als sie diesmal das Zimmer ihres verstorbenen Mannes betrat. Ich nahm dankbar den Kaffee an und fragte, ob sie wisse, was das familiengeschichtliche Buch in dem Kokos-Archiv zu suchen habe. Mit einer Euphorie, die sie in den wenigen Stunden, die ich mit ihr verbracht hatte, noch nicht an den Tag gelegt hatte, riss sie mir das Buch förmlich aus der Hand.

»Das ist meine Familie. Meine Vorfahren haben Puntarenas gegründet.« Sie blätterte ein wenig in dem Buch und deutete mit noch größerer Erregung auf zwei Stellen, die ich mit meinen mangelnden Spanischkenntnissen bis auf zwei Wörter nicht verstand: Cocos und Jimenez.

»Unsere Familie hat seit vielen Generationen ein Geheimnis, das von einem zum anderen immer weitergegeben wird. Unser Vorfahr, der Mitbegründer von Puntarenas, war bei dem Raub des Kirchenschatzes von Lima dabei – so wird es jedenfalls erzählt. Warum noch keiner von uns den Schatz gehoben hat, weiß ich nicht. Vielleicht waren unsere Vorfahren zu arm, und später ist das Wissen allmählich verloren gegangen. Aber eines habe ich ganz sicher behalten: Zwei kleine, der Kokosinsel vorgelagerte Inseln sind der geheime Schlüssel zum Schatz – das hat mein Vater mir immer gesagt. Peter und ich haben nächtelang darüber diskutiert, wie das wohl gemeint sei.«

Bei dem Stichwort »Nächte« fielen mir fast die Augen zu. Ich wünschte mir, ein paar Wochen Zeit zu haben, um das gesamte Archiv zu durchforsten. In den zwei Tagen, die ich in Miami bleiben wollte, konnte ich unmöglich alles sichten. Mit diesem Problem im Kopf verabschiedete ich mich und lenkte meine Gedanken zurück zu meiner ersten Expedition auf die Kokosinsel – und zu jener Zeit, in der ich das erste Mal von Peter Disch-Lauxmann gehört hatte.

Die Geschichte der Kokosinsel und der Piraten Bennett Graham und Benito Bonito

Costa Rica, Dezember 1988

Vor zwanzig Jahren führte mich ein Forschungsprojekt über eine tropische Pflanze erstmals nach Costa Rica. Die Schönheit des mittelamerikanischen Landes zog mich jedoch so stark in seinen Bann, dass ich beschloss, einen Reiseführer zu schreiben. Zu dieser Zeit tauchte der Name Costa Rica noch in keinem Reisebüro auf und es gab schon gar keinen deutschen Reiseführer über diese Nation, die in Deutschland vor allem in Kaffeegeschäften vorkam und gerne mit Puerto Rico verwechselt wurde.

»Reiche Küste« – so lautet die deutsche Übersetzung des Landesnamens. Der Reichtum ist die Natur – das war damals schon der Slogan der costa-ricanischen Tourismusbranche. Doch die Costa Ricaner sind nicht bei einem Slogan geblieben, sie haben den Wert in bares Geld verwandelt und dieses in Wissenschaft, Naturschutz und Arbeitsplätze gesteckt. Die Erforschung der Biodiversität wird dort längst professionell gehandhabt. »Use it or lose it« heißt das Motto – und es gibt dort noch viel zu entdecken, was vielleicht weltweit von Nutzen sein könnte.

Costa Rica, ein winziges Land, kaum größer als die Schweiz, ist mit einer beeindruckenden Artenvielfalt gesegnet. Das ganze Jahr über herrscht tropische Hitze. Zwei Ozeane und eine Gebirgskette, die sich längs durch das Land zieht, sorgen dafür, dass es die unterschiedlichsten Klimazonen gibt. Dadurch haben sich auf diesem Abschnitt der mittelamerikanischen Landbrücke die verschiedensten Lebensräume entwickelt: Regenwälder, Trockenwälder, Bergregenwälder, Nebelwälder und Savannen, alle in diversen Ausprägungen.

Es waren vor allem die Nationalparks, die es für meinen Reiseführer zu entdecken galt. Meine Expeditionen zu diesen Schätzen der Natur führten mich kreuz und quer durchs Land und schließlich zur Schatzinsel. Es war die Abgeschiedenheit dieses Nationalparks, die meine besondere Aufmerksamkeit auf sich zog. Parque Nacional Isla del Coco – der Nationalpark Kokosinsel, ein einsames, kleines Eiland, unberührt, fernab jeglicher menschlicher Siedlung, auf Landkarten von Costa Rica nie korrekt eingezeichnet, weil es 500 Kilometer vom Festland entfernt liegt. Auf den Touristenkarten stach es isoliert und umrahmt in einem gesonderten Quadrat hervor. Ein Blickfang ohne Straßen oder andere Zeichen der Zivilisation.

Fotos von der Insel offenbarten einsame palmengesäumte Buchten und dschungelüberwuchertes Bergland, voller Wasserfälle mit einladenden Pools, die sich zu ihren Füßen ausbreiteten. Bilder wie aus dem Paradies. Warum hatte dort nie jemand leben wollen? Warum hatte es dort weder Ureinwohner noch Siedler gegeben?

Siedler hätten sich dort sehr wohl einmal niedergelassen, erfuhr ich vom Direktor des Nationalparks Kokosinsel, Fernando Cortez. »Es waren Deutsche«, erzählte Cortez, »aber auch sie haben es auf der regenreichen Insel nicht lange ausgehalten. Nur ihr Anfüh-

August Gissler,
seit 1897 erster und einziger
Gouverneur der Kokosinsel,
mit deutschen Siedlern
am Strand der Insel,
um 1900

rer, August Gissler, hat fast zwanzig Jahre auf der Insel gelebt und den großen Schatz von Lima vergeblich gesucht.« Als würde auch er sich auf Schatzsuche begeben wollen, drehte Cortez sich um und schritt zielstrebig auf ein Bücherregal zu, während er seine Rede fortsetzte: »In Deutschland regnet es wohl auch viel, sonst wäre Gissler bestimmt nicht so lange geblieben.« Ich nickte, obwohl ich wusste, dass es in Costa Rica deutlich mehr regnete als in Deutschland. »Jedenfalls«, fuhr Cortez fort, »kehrte er irgendwann nicht mehr auf die Insel zurück, obwohl sie ihm inzwischen zur Hälfte gehörte. Aber das ist jetzt schon hundert Jahre her. Das Land fiel später wieder an den costa-ricanischen Staat, und 1978 wurde die gesamte Insel zum Nationalpark erklärt. Vor oder nach August Gissler ist nie jemand auf die Idee gekommen, sich dort freiwillig niederzulassen – außer Piraten und Schatzjägern!«

Mit diesen Worten holte Cortez aus der hintersten Ecke des Regals ein Buch heraus, das kurz zuvor in Deutschland erschienen war: *Die authentische Geschichte von Stevensons Schatzinsel* von Peter Disch-Lauxmann und Christian Pfannenschmidt.

Die Insel wurde immer interessanter. Ich lieh mir das Buch aus und fragte, ob Cortez nicht eine Möglichkeit sehe, wie man die Insel besuchen könne, ohne Tausende von Dollars für eine Tauchexpedition auszugeben – tauchen könne ich ohnehin nicht. Außerdem waren diese Expeditionen auch damals schon auf lange Sicht ausgebucht. Die Kokosinsel ist nicht nur ein Mekka für Botaniker und Zoologen, sondern auch für Meeresbiologen und Taucher. Tauchtouristen wollen dort vor allem die Jäger der Meere sehen: Haie. Seidenhaie, Hammerhaie, Schwarzspitzenriffhaie, Weißspitzenriffhaie, Galapagoshaie, Silberhaie und Walhaie sind die Objekte der Begierde. Nirgendwo sonst in den Weltmeeren lassen sich Haie so gut und gefahrlos beobachten wie vor der Kokosinsel. Einzeln und in großen Schulen gleiten ihre anmutigen Körper durch die warmen Strömungen vor der Insel. Im Schatten der Nacht führen die meisten Arten ihr Schauspiel vor, gehen unerbittlich auf Jagd, zelebrieren bizarre Paarungsrituale oder reinigen sich an den Riffen. An keinem anderen Ort der Erde treffen sich so viele Haie, und auch die sonstige Meeresfauna ist reichhaltiger als andernorts.

Das wussten auch die Fischer, welche die Schutzzone für Meeresbewohner sträflich missachteten. Um die Fischerboote zu kontrollieren, waren zweimal im Monat Ranger des Nationalparks mit an Bord des Tauchexpeditionsschiffs *Okeanos,* das als einziges regelmäßig zu der 500 Kilometer vom Festland entfernten Insel fuhr. Eine hilflose Geste gegenüber der Fischerei-Industrie, aber eine, die auch ich gut ausführen konnte – und davon überzeugte ich schließlich den Nationalparkdirektor. Er war bereit, mir bei einer der Expeditionen den Platz des Rangers einzuräumen, mit der Auflage, alle Schiffe zu notieren, die vor der Insel auftauchten.

Es reichte allerdings nicht, dass ich Cortez davon überzeugen konnte, eine hervorragende Beobachterin zu sein – der Schiffseigner musste auch noch gefragt werden: Andreas Pozuelo – ein Name zum Anknabbern. Diese Assoziation kam vor allem daher, dass ich den Namen Pozuelo täglich las, wenn ich mir meine Nervennahrung in Form von Keksen zuführte. Die Pozuelos waren *die*

Kekshersteller von Costa Rica und produzierten fast alle süßen und salzigen Knabbereien des Landes. Meine Überraschung hielt sich daher in Grenzen, als ich auf dem Weg zu Pozuelos Büro eine lärmende Halle durchschreiten musste, in der die Luft von süßem Keksduft geschwängert war und Fließbänder voller Köstlichkeiten an mir vorbeizischten.

Stolz, fast triumphierend saß der alte, kleine Herr hinter seinem wuchtigen Schreibtisch im Kolonialstil, umgeben von Kekspackungen und Schiffsmodellen. Mit dem Tauchgeschäft habe er gar nichts zu tun, verkündete er, während er mir einen Keks anbot, das habe sein Sohn aufgebaut, aber das Schiff habe schließlich er gekauft. Jetzt wollte er auch entscheiden, ob ich als offizielle Nationalparkvertreterin bei einer der Expeditionen taugte.

Letztendlich waren vielleicht meine Schwäche für Kekse und mein differenziertes Lob für die verschiedenen Kalorienbomben aus dem Sortiment meine Eintrittskarte zur Kokosinsel. Eine Bedingung stellte der »Herr der Kekse« allerdings: Details und Ablauf sollten bei einem Abendessen bei seinem »Piratenfreund« Christopher Weston besprochen werden. Damit war der Termin beendet. Andreas Pozuelo erhob sich und drückte mir einen Zettel mit der Adresse in die Hand, bevor er sich förmlich verabschiedete.

San José, vom Busbahnhof im südlichen Stadtteil Escazú 200 Meter nach Norden und 450 Meter nach Westen [Adresse geändert, Anm. d. Autorin]. Schon allein die Adresse von Christopher Weston am Rande der costa-ricanischen Hauptstadt hörte sich an wie die Koordinaten einer Schatzkarte. Das Auffinden des Verstecks überließ ich einem Taxifahrer, der tatsächlich ohne größere Schwierigkeiten das »Piratennest« sofort fand.

Schwere Eichentüren verschlossen die heiligen Hallen der Schatzkammer, umgeben von einem großen eingezäunten und nicht einsehbaren Grundstück. Kurz nach meinem Klingeln öffnete sich die mächtige Tür, und heraus trat ein stattlicher Mann, vielleicht Anfang fünfzig, mit einem Schnurrbart – und, ganz nach Piratenmanier, einem Glas Rum in der Hand. Doch es war nicht der Rum, der mich ins Zeitalter der Piraten versetzte: Dafür sorgte vielmehr der rote Ara, der krächzend auf Westons Schulter saß. Ich musste mich beherrschen, um ihn nicht mit Herr Silver und den Papagei mit Kapitän Flint anzusprechen. Zur Hauptfigur aus Stevensons Roman fehlten ihm nur die Augenklappe und das Holzbein.

Feixend standen die Familie Pozuelo und der Rest der Familie Weston hinter der Tür. Augenzwinkernd wollte der alte »Herr der Kekse« wissen, ob er zu viel versprochen habe. Meine Mission, die grünen Schätze der Insel zu entdecken, hatte mich direkt ins Hauptquartier der Piraten geführt: Schiffsplanken auf der Terrasse, antiquarische Schätze, schwere Schatztruhen, Säbel an den Wänden und Schatzkarten auf den Tischen. Christopher Weston war in seinem Element. Mein Interesse an der einzigartigen biologischen Vielfalt der Insel wurde wohlwollend zur Kenntnis genommen, und damit war das Thema erledigt.

Es stellte sich heraus, dass Christopher Weston das Schatzjäger-Schicksal bereits in die Wiege gelegt worden war: Sein Vater Julian Weston war von der Insel besessen gewesen und hatte alles gesammelt und gekauft, was er im Zusammenhang mit den Piratenschätzen auf der Kokosinsel finden konnte – und das war bis Mitte des 20. Jahrhunderts einiges. Als gründlicher Journalist, der er eigentlich war, hatte er zahlreiche Dokumente in Archiven verifiziert und mit anderen Quellen verglichen. Doch vieles liegt auch heute noch im Dunkeln, da verständlicherweise das Hauptanliegen der echten Piraten war, möglichst unentdeckt zu bleiben und den Zugang zu den Schätzen auf Karten zu verschlüsseln. Kaum eine noch so authentische Schatzkarte ist daher ohne zusätzlichen Code zu entziffern.

Viele Geheimnisse wurden nur von Mund zu Mund weitergegeben, und Julian Weston hatte das Glück, in einer Zeit zu leben, in der die Schatzjagd in voller Blüte stand. Er kannte nicht nur den ewigen Schatzjäger August Gissler, sondern auch den Nachfahren eines Mitglieds der Piratenbande, die einen der größten Schätze aller Zeiten auf der Kokosinsel vergraben hatte: Jimmy Forbes, den Urenkel des Maats von der *Mary Dear,* dem Schiff, das 1821 den Kirchenschatz von Lima zur Insel gebracht haben soll. Julian Weston hatte den Piratenenkel bei seiner erfolglosen, aber extrem aufwendigen Schatzjagd begleitet und auch an zahlreichen weiteren Schatzexpeditionen teilgenommen. Christophers Vater hatte mehr Schatzsucher gekannt, als normale Menschen Freunde haben. Seine gesammelten Werke, selbst verfassten Bücher und Artikel übergab er vor seinem Tod seinem Sohn, der nun mit einem Rumglas in der Hand vor mir saß.

Um den Herren gewachsen zu sein, hatte ich mich vor meinem Besuch zumindest über die wichtigsten Daten der Insel informiert. Trotzdem überwältigte mich Westons Archiv, die fein säuberlich eingehefteten Karten, Briefe, Schriften und Skizzen, die er in Mappen aufbewahrte und in einem Nebenraum fein säuberlich ausgebreitet hatte. Ich wusste zwar längst, dass die Insel etwa 1525 von dem spanischen Seefahrer Johan Cabezas entdeckt und knapp zwanzig Jahre später von Nicolas Deslien kartografiert worden war. Aber es war etwas völlig anderes, Dokumente aus dieser Zeit in der Hand zu halten. Es war nicht das Original, über das meine Finger ehrfürchtig und vorsichtig glitten, aber ein sehr altes Duplikat dieser Karte.

Auch von Sir Francis Drake, dem »Piraten im Dienste der Königin Elisabeth«, der im Jahr 1578 die Kokosinsel bei seiner Weltumseglung ansteuerte, hatte Weston einige Unterlagen archiviert, inklusive einer sehr frühen Ausgabe der Biografie des »Piraten der sieben Weltmeere«. Ich fragte ihn, warum bei den vielen Berichten über Drake so selten die Kokosinsel vorkomme. Weston konterte mit einer Gegenfrage: »Würdest du dein mit geraubtem Gold und Juwelen beladenes Schiff an einer einsamen, dicht bewachsenen, wasserreichen Insel vorbeinavigieren? Oder würdest du den Schatz an einem sicheren Ort verstecken, den nur du kennst? Und würdest du später jedem auf die Nase binden, wann und wie lange du genau auf der Insel warst? Ich hätte jedenfalls an seiner Stelle den Schatz auf der Kokosinsel verborgen und nach Beendigung meiner Weltumseglung dieses kleine Detail einfach vergessen.« Ich verstand: Weston vermutete, dass auch Drake einen Schatz auf der Kokosinsel versteckt hatte. Das genaue Datum, wann er die Insel anlief, musste später über seine Mannschaft durchgesickert sein.

Christopher Weston war aus dem Zimmer verschwunden und kehrte mit einem anderen dicken Wälzer zurück, *A New Voyage Around the World* von William Dampier, der zusammen mit Dr. Lionel Wafer und Edward Davis etwa hundert Jahre nach Sir Francis Drake die Welt umsegelt und ebenfalls als Freibeuter reichlich Beute gemacht hatte.

»Dieser Pirat hat aus seinem Quartier auf der Kokosinsel kein Geheimnis gemacht, vielleicht, weil Dampier nicht der Anführer der Piraten war, aber besser schreiben konnte als Captain Davis«, erklärte Weston, während er das antiquarische Buch vor mich auf den Tisch legte.

Zwanzig Jahre dauerte die Piratenkarriere des englischen Freibeuters Captain Edward Davis, der gemeinsam mit William Dampier und Dr. Lionel Wafer die Kokosinsel zu seinem Hauptquartier gemacht hatte. Davis lernte sein Handwerk bei Captain John Cook –

nicht zu verwechseln mit James Cook, der erst weitere hundert Jahre später die Weltmeere bereiste. Das Team umrundete 1684 Kap Hoorn in der oft beschriebenen *Bachelors Delight* und setzte seine Kaperzüge im Pazifik fort. Wenig später starb Cook im Golf von Nicoya, der heute zu Costa Rica gehört. Edward Davis übernahm das Schiff und setzte die Mission im Namen der englischen Krone fort. Er erbeutete ausschließlich Schiffe der spanischen Flotte und hielt sich damit an die Regeln des Kaperbriefes. So konnte sein Schiff gefahrlos englische Stützpunkte anlaufen.

Davis, Dampier und Wafer gingen als intellektuelle »Gentlemen-Piraten« in die Geschichte ein, welche die Bevölkerung nicht in Angst und Schrecken versetzten, sondern gerne auch mal die Retter in der Not spielten. So führte William Dampier 1709 die Expedition an, bei der Alexander Selkirk von den Juan-Fernández-Inseln bei Chile gerettet wurde. Literarisch verarbeitet wurde Selkirks Rettung von Daniel Defoe und ging als der Klassiker *Robinson Crusoe* in die Weltliteratur ein. Vor allem Dampier und Wafer waren nicht nur hervorragende Seeleute, sondern auch anerkannte Forscher und Schriftsteller. Ihre Expeditionsberichte wurden damals schon zu Bestsellern. Naturforscher Wafer hatte sich vor allem auf die Beschreibung von Fauna und Flora spezialisiert und widmete sich ihr intensiv auf der Kokosinsel – während seine Kollegen Davis und Dampier damit beschäftigt waren, ihre Schätze zu verbergen.

Mit den Worten »Nur in zwei kleinen Buchten besteht die Möglichkeit, an Land zu gehen. Gleich hinter den schmalen Sandstränden beginnt ein fast undurchdringlicher Dschungel ...« beschrieb Dampier in seinen Aufzeichnungen die Struktur der Kokosinsel. Auch Wafers Ausführungen trugen erheblich zum damaligen Bild der Insel bei: »Das Wasser stürzt einen Wasserfall hinunter, wie wenn es aus einem Eimer gegossen würde, um einen trockenen

Platz im Hintergrund zu hinterlassen ... zusammen mit dem nahe gelegenen Kokoshain in diesem heißen Klima hat dieser Platz etwas sehr Idyllisches ...«

Dampier war darüber hinaus kartografisch bewandert, und begabt obendrein. Er fertigte während der Beutezüge eine für die damalige Zeit ziemlich exakte Karte von Mittelamerika inklusive der Inselwelt im Pazifik und in der Karibik an – eine von vielen Karten, die er zeichnete. Seine Veröffentlichungen halfen später sowohl Alexander von Humboldt als auch Charles Darwin bei ihren Forschungsreisen in die Neue Welt. Die Kapertouren der drei Piraten zählen zu den am besten dokumentierten Piratengeschichten der Kokosinsel, da Dampiers Veröffentlichungen als glaubwürdig gelten und aus erster Hand sind. »Sie gehören zu den wichtigsten Quellen aus dieser Zeit«, erklärte mir Weston ergänzend zu den beeindruckenden Dokumenten, die ohnehin schon für sich sprachen.

»Diese Piraten oder besser Freibeuter trugen etwas zum Wohl der Menschheit bei. Zum Dank wurden signifikante Punkte der Insel nach ihnen benannt: Cabo Dampier – Kap Dampier und Bahia Wafer – Wafer-Bucht«, fuhr er fort, während er mir auf einer historischen Karte aus dem 18. Jahrhundert die entsprechenden Buchten und Punkte zeigte.

Auf meine Frage nach Captain Davis schüttelte Weston den Kopf. »Wahrscheinlich war Davis zu viel Pirat und zu wenig Forscher, um ruhmreich in die Kokos-Historie einzugehen«, mutmaßte er.

Als Erstes zeigte mir Weston die erste kartografischen Ansprüchen genügende Karte der Insel. Diese war 1793 von dem englischen Kapitän James Colnett im Auftrag der Krone angefertigt worden. Es war die erste offizielle Karte, die auch Dr. Lionel Wafers Namen trug. Die Mission von Captain James Colnett war nicht nur, eine kartografische Karte zu zeichnen, sondern zunächst die Insel als

geeignetes Zwischenquartier für Walfänger zu prüfen und gege-
benenfalls ein Lager vorzubereiten. Colnett nahm seinen Auftrag
sehr ernst und initiierte, ohne lange darüber nachzudenken, eine
dramatische Veränderung der Fauna und Flora: Er setzte Schweine
und Ziegen aus, die sich kräftig vermehrten, und säte allerlei Sa-
men von verschiedenen Nutzpflanzen. Walfänger, die hier künftig
Zwischenstopp einlegen würden, sollten genug zu essen vorfinden.
Er war erfolgreich mit seiner Mission, doch gegen die Nachfahren
der eingeführten Tier- und Pflanzenarten kämpfen die Ranger des
Nationalparks noch heute.

Weston blätterte weiter in der dicken Mappe und zeigte mir eine
jüngere Karte. Sein Finger schob sich zwischen die beiden Buchten Wafer und Chatham. »Hier, dieser Felsvorsprung heißt Colnett
Point, benannt nach dem Mann, der die Schweine auf der Kokosinsel ausgesetzt hat.« Ohne weitere Ausführungen fuhr er fort, wobei er die Tonlage änderte, was seinen Worten einen geheimnis-
vollen Unterton verlieh: »Und was ich dir jetzt zeige, wirst du in
keinem Geschichtsbuch finden.«

Mit diesem Versprechen schloss er die Mappe mit den historischen Karten und öffnete eine weitere. Vorsichtig blätterte er in

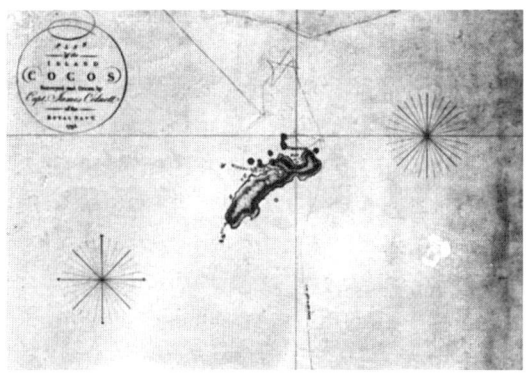

Erste offizielle Karte
der Kokosinsel
von James Colnett,
1793

den schwarzen, kartonierten Seiten, bis etwas Goldenes dazwischen glitzerte. Zwischen Schatzkarten, Fotos und Dokumente hatte Weston ein antikes Goldkettchen geheftet.

»Das hier stammt vermutlich aus den Schätzen des brutalsten aller Piraten der Kokosinsel, von Benito Bonito oder besser Dom Pedro mit dem blutigen Schwert.« Mir lief eine Gänsehaut über den Rücken.

»Die Kette ist die magere Ausbeute meiner zahlreichen Schatzexpeditionen auf der Kokosinsel. Bis auf ein paar Dublonen habe ich nie etwas gefunden. Aber diese alte Kette passt zu den Schätzen von Bonito, die ja recht gut dokumentiert sind. Oft wird Bonito mit Bennett Graham verwechselt. Es wird behauptet, beide seien ein und derselbe Pirat gewesen. Das glaube ich nicht. Graham war Engländer und Bonito Portugiese. Beide haben zwar zur selben Zeit vor der Küste Südamerikas gekapert und ihr Hauptquartier wahrscheinlich auch beide auf der Kokosinsel gehabt, aber ich bezweifle, dass es sich um dieselbe Person handelte. Mein Vater hat die Geschichte dieser beiden Piraten intensiv studiert. Ich erzähl sie dir.«

Statt sich hinzusetzen und mit seiner Geschichte anzufangen, ging Weston mit dem leeren Rumglas aus dem Zimmer. Durch die offene Tür konnte ich beobachten, wie er zuerst seinem Papagei eine Erdnuss zwischen die Krallen schob und sich dann sein Glas füllte. Die anderen hatten sich inzwischen um den großen, mit Dokumenten überladenen Tisch versammelt.

»Mit trockener Kehle erzählt es sich schlecht«, kommentierte der »Herr der Kekse« die Situation, während er selbst an seinem Drink nippte und ich erwartungsvoll Weston beobachtete. Obwohl Pozuelo die Geschichte sicherlich nicht zum ersten Mal hören würde, wartete auch er gespannt. Der Gastgeber war ein so exzellenter Erzähler, dass man seine Geschichten mehrmals ohne Langeweile verfolgen konnte, wie ein Theaterstück, das man sich immer wieder gerne anschaut. Fast erwartete ich, dass er seine Erzählung mit »Es war einmal ...« beginnen würde, doch Graham und Bonito waren keine Märchenfiguren, es gab sie wirklich, und so existieren auch konkrete Jahreszahlen, die zu diesen Freibeutern oder Piraten gehören. Ob sie Ersteres oder Letzteres waren, darin ist sich die Geschichtsschreibung nicht ganz einig. Weston hatte sich inzwischen wieder zu uns an den Tisch gesetzt, und mit den Worten »Ich will mich kurz fassen und mit dem Engländer beginnen« eröffnete er seine Rede:

»Im Jahr 1818 wurde Captain Bennett Graham von Lord Nelson in den Südpazifik geschickt, nachdem er sich bei der Schlacht von Trafalgar erfolgreich geschlagen hatte. Ihm wurde dafür das Kriegsschiff *HMS Devonshire* unterstellt, und er sollte als Freibeuter spanische Schiffe plündern. Graham beschränkte sich angeblich nicht nur auf die Spanier und wurde so zum geächteten Piraten. Doch seine Piratenkarriere war nur noch von kurzer Dauer, nachdem die Engländer ihm auf die Schliche gekommen waren. Drei englische Kriegsschiffe sollen ihn vor der costa-ricanischen Südküste in die Enge getrieben und sein Schiff versenkt haben. Fast alle Piraten wurden hingerichtet, nur wenige begnadigt und in eine Strafkolonie in Tasmanien verschleppt. Die reiche Beute seiner Raubzüge hatte Graham zuvor auf die Kokosinsel geschafft. An Bord war auch eine Frau: Mary Welch, seine Geliebte, die unter die Strafgefangenen geriet. Als sie nach zwanzig Jahren endlich wieder auf freiem Fuß war, hatte sie nichts anderes im Sinn, als den Schatz zu heben.

Auch nach Mary Welchs Aussagen war Grahams Hauptquartier die Kokosinsel. Mehrmals hätten sie die geplünderten spanischen Goldschätze auf der Insel versteckt, manchmal sei sie, Mary, mit verletzten und kranken Piraten auf der Insel zurückgeblieben, bis Graham von seiner Kaper-Tour zurückkam. Einmal habe es sogar ein halbes Jahr gedauert, bis Graham auf der mit geplünderten Schätzen beladenen *Devonshire* zur Insel zurückkehrte, erzählte sie später den Investoren für ihre Schatzexpedition. Von der Lage des Schatzes habe Graham eine Karte angefertigt, die er ihr stets übergab, wenn Gefahr drohte – so auch kurz vor seiner Hinrichtung. Mary Welch hütete sie all die Jahre ihrer Verbannung hindurch.

Laut ihrer Aussage soll Graham mit seiner *Devonshire* Tonnen von Gold, Silber und Juwelen erbeutet haben, mit einem geschätzten Gesamtwert von 160 Millionen Dollar. Diesen Schatz wollte sich Mary Welch nach den Jahren der Verbannung nicht entgehen lassen.

Als betagte Dame kehrte sie in die Vereinigten Staaten zurück und fand mit ihren überzeugenden Berichten und Unterlagen schnell Investoren für eine Schatzsuche auf der Kokosinsel. Doch die Expedition scheiterte – nichts war mehr so, wie Mary es in Erinnerung hatte. Wo war die Zeder, in welche die entscheidenden Markierungen eingeritzt waren? Und auch die anderen Urwaldriesen, die fast bis an den Strand reichten und ihr stets als Orientierung gedient hatten, als sie monatelang alleine die verwundeten und kranken Seeräuber pflegte?

Viele waren gekommen in der Zeit zwischen 1820 und 1840 – Piraten, Schatzjäger, Walfänger und Händler, die ihre Vorräte auf der Kokosinsel auffrischen wollten. Ob jemand Mary zuvorgekommen war oder ob sie den Schatz aufgrund der Veränderungen der Insel nicht mehr finden konnte, bleibt ungeklärt. Ihre Auftraggeber hielten sie jedoch nicht für eine Betrügerin, da sie sich grundsätzlich hervorragend auf der Kokosinsel auskannte – und das ist nur möglich, wenn man dort mehrere Monate verbracht hat. Zumindest hat die Schatzjägerin nachhaltigen Eindruck hinterlassen; sie ist die einzige Frau, nach der ein Teil der Insel benannt wurde: Cabo Mary – das Kap Mary.

In der gleichen Zeit war Benito Bonito – der Pirat mit dem blutigen Schwert, der Schrecken des Pazifiks – unterwegs und machte mit seinen Kaperzügen Bennett Graham Konkurrenz. Daher heißt es in manchen Quellen wohl, Benito Bonito sei der Piratenname von Bennett Graham gewesen. Mir scheinen andere Quellen, laut denen Benito Bonito aus adligem portugiesischem Haus stammte, mehrere Sprachen fließend sprach und 1816 als Offizier eines portugiesischen Handelsschiffes anheuerte, wesentlich überzeugender. Dieser Mann wurde von dem französischen Piratenschiff *Renard* gekapert, zettelte auf dem Schiff aber eine erfolgreiche Meuterei unter den Gefangenen an. Doch statt befreit in den Hafen zurückzukehren, überzeugte er seine Leidensgenossen, sich selbst zur Piraterie zu bekennen. Das Schiff taugte allerdings nicht für seine Vorhaben: Es waren nicht nur Handelsschiffe, auf die er es abgesehen hatte, sondern die schnellen Kriegsschiffe der Spanier, die häufig Goldschätze aus den Kolonien in die sichere spanische Heimat transportierten. Mit der *Renard* und seiner neuen Mannschaft folgte er einem britischen Sklavenschiff namens *Lightning,* das er für geeigneter hielt, um seine Pläne in die Tat umzusetzen. Im Hafen von Matanzas, Kuba, kaperte er das Schiff und stellte die Gefangenen vor die Wahl, entweder an seiner Seite zu kämpfen und Schätze zu erbeuten oder ein Opfer der Haie zu werden. Es heißt, viele hätten sich lieber den Haien zum Fraß vorwerfen lassen.

Die Karibik wurde den gesuchten Räubern der Meere bald zu heiß, und mit der viel schnelleren *Lightning* umrundeten sie Kap Hoorn und konnten ihre Verfolger abhängen. Von dort bis Mexiko kaperten sie jedes Schiff, das ihre Wege kreuzte. Auch Benito Bonito entdeckte dabei die Vorzüge der Kokosinsel und machte sie zu seinem Hauptquartier. Die Gewässer vor Panama und Costa Rica sorgten für ertragreiche Beute in strategisch günstiger Nähe. Schätze im damaligen Wert von 17 Millionen Dollar sollen die Piraten unter Benito Bonito, der inzwischen auch als Dom Pedro mit dem blutigen Schwert bekannt war, dort angehäuft haben – den Rum nicht eingerechnet. Und davon müssen sie auch reichlich erbeutet haben, so ausgelassen, wie sie manchmal am Strand feierten.«

An dieser Stelle unterbrach Weston seine Geschichte und zeigte mir einen antiken Stich, der ein Gelage auf der Insel darstellte. Leichen pflastern darauf den Strand von Kokos, Piraten sitzen auf Rumfässern neben abgeschlagenen Köpfen, andere haben sich gierig um Kisten voller Gold und Juwelen versammelt, während im Hintergrund eine Frau entsetzt dem Geschehen folgt. Mit einer Pistole in der Hand und wehendem Umhang blickt der Piratenchef gelassen und erhaben auf die blutige Orgie.

Mir lief es erneut kalt den Rücken herunter, während Weston seine Erzählung fortsetzte:

»Einmal uferte das Gelage nach einem erfolgreichen Kaperfeldzug mehr aus als sonst. Ein Wort gab das andere, bis einer ein Messer zückte und am Ende fünfzehn Leichen am Strand lagen. Viele andere sollen noch als Haifischfutter im Meer gelandet sein. Die Gier hatte die Gesetzlosen so weit getrieben – sie wollten mehr und fanden den Tod. Benito konnte den Aufstand zwar niederschlagen, musste seinen Gesellen aber mehr von der Beute abgeben als vorgesehen.

Nach alter Piratenmanier stand Benito ein Drittel aller erbeuteten Schätze zu. Nur Rum, Nahrung und Medizin mussten brüderlich geteilt werden. Das hatte sich jetzt geändert. Die Übriggebliebenen verbrachten den Rest des blutigen Abends bis zum Sonnenaufgang damit, den Schatz neu aufzuteilen.

Doch wohin mit den Reichtümern? Keiner traute mehr dem anderen. Jeder suchte seinen eigenen Weg im Dickicht des Dschungels und eine verborgene Stelle, die nur der Eigentümer wiederfinden konnte. Jeder Pirat fertigte eine eigene Schatzkarte an oder merkte sich die Stelle auf andere Weise. Aber wie sollte Piratenchef Benito seinen Löwenanteil heimlich verbergen?«

Abermals hielt Weston inne und blickte theatralisch in die Runde, um dann, ohne wirklich auf eine Antwort zu warten, mit der Geschichte fortzufahren:

»Ohne Hilfe unmöglich! Entweder Benito hatte doch noch Vertraute oder er hat einen Weg zu einer heimlichen Höhle gefunden, die mit dem Boot zugänglich war. Andere behaupten, er habe die Beute einfach gut verpackt über Bord geworfen und nachts bei Ebbe nach und nach geborgen und versteckt.

Das Nächste, was von den blutigen Seeräubern überliefert ist, ist ihr Beutezug nach Valparaiso. Benito hatte von einem größeren Goldtransport gehört. Die nach Weib und Wein ausgehungerte Mannschaft drängte auf einen Landgang, der Benito und seiner Crew zum Verhängnis wurde. Zwei seiner Getreuen – Thompson und Cabral – waren nicht pünktlich zum nächtlichen Kaperfeldzug wieder an Bord, und Benito ließ die beiden zurück. Als die Piraten bemerkten, dass ihr Schiff ohne sie ausgelaufen war, suchten sie das Weite. Dass sie dieser Unpünktlichkeit ihr Leben zu verdanken hatten, erfuhren sie erst später. Benito und die restlichen Mannen wurden von dem britischen Kriegsschiff *Espiègle* überwältigt. Benito soll sich angesichts der aussichtslosen Lage mit seiner Pistole erschossen haben – alle anderen wurden gehängt.

Vielleicht hatten auch Thompson und Cabral Benito ans Messer geliefert. Vielleicht waren sie geschnappt worden, und man hatte ihnen das nackte Leben versprochen, wenn sie den Standort und die Pläne ihres Anführers verrieten. Vielleicht hatten die beiden die Flucht und den Verrat sogar geplant, um ihrem blutrünstigen Anführer endlich zu entkommen. Wie auch immer, so geschah es, dass Thompson und Cabral entkamen und das Ende des Piraten mit dem blutigen Schwert besiegelt war.«

Ich starrte immer noch auf das Bild mit dem blutigen Gelage und dem Piratenchef, der wohl Benito Bonito oder Dom Pedro mit dem blutigen Schwert darstellen sollte, während sich meine Kenntnisse über die Geschichte Südamerikas mit dem gerade Gehörten verwoben.

»Bist du sicher, dass Bonito alias Dom Pedro so brutal war und nicht vielleicht doch ein Rächer der Entrechteten? Mir geht der erste brasilianische Kaiser nicht aus dem Kopf. Der hieß nicht nur Dom Pedro, sondern war auch genau in dieser Zeit aktiv. Hat er nicht für die südamerikanische Unabhängigkeit gekämpft und wurde dann 1822 zum Kaiser Dom Pedro I gekrönt?«

Weston zog die Augenbrauen hoch.

»Ich sehe, du hast dich gut vorbereitet. Interessant ist diese Dopplung schon: Beide kamen aus adligem portugiesischem Haus, beide sind zur gleichen Zeit auf der Flucht vor den Franzosen in Südamerika gelandet und beide hießen Dom Pedro. Ich glaube trotzdem nicht, dass es irgendeine Verbindung zwischen den beiden gab. Der eine war Pirat, der andere Kaiser. Alles andere war Zufall.«

Wahrscheinlich hatte Weston recht, obwohl Piraterie und Kaperzüge im Namen der Krone sehr dicht beieinander lagen. Für die südamerikanische Unabhängigkeitsbewegung waren alle Nationen, die sich ihrer Mission nicht anschlossen, Feinde, und umgekehrt waren die Freibeuter im Namen der Unabhängigkeit für alle anderen Nationen Piraten. Trotzdem musste ich zugeben, dass ich keinerlei stichhaltige Anhaltspunkte für eine Verbindung der beiden Dom Pedros gefunden hatte. Mir fielen aber noch zwei weitere Namensvettern ein: Benitos Thompson und William Thompson, Kapitän der *Mary Dear,* der 1821 den großen Kirchenschatz von Lima zur Kokosinsel gebracht haben sollte. Ich fragte Weston, ob diese beiden vielleicht identisch waren. In Westons Gesichtszügen war bei dieser Frage eine leichte Enttäuschung zu erkennen. Im selben Moment begriff ich, dass ich die Gelegenheit vermasselt hatte, die Legende des Kirchenschatzes von Lima aus Westons Mund zu hören, was seine Worte postwendend bestätigten:

»Die Geschichte von Captain William Thompson und der *Mary Dear* kann ich mir demnach sparen.«

Ich versuchte aufrichtig, aber erfolglos, Weston davon zu überzeugen, dass meine Recherchen mit Sicherheit halb so interessant waren wie seine Geschichte. Während er weitere Unterlagen hervorholte, antwortete er nur knapp: »Nein, ich glaube auch nicht, dass die beiden Thompsons identisch waren.« Eine einleuchtende Erklärung für diese These blieb mir Weston schuldig.

Stattdessen blätterte er so lange weiter, bis er eine neue Karte in seiner Mappe gefunden hatte oder besser das Fragment einer Karte.

Als ich das Stück Pergament sah, wurden die doppelten Thompsons unwichtig. Von Anfang an hatte ich große Ehrfurcht vor der Vielzahl historischer Dokumente gehabt, aber diese Karte stellte alles in den Schatten.

Es war keine kartografische Karte, nichts für die Orientierung von Seefahrern und Walfängern; sie diente einzig und alleine dazu, den Kirchenschatz von Lima zu finden. Es war nur ein Fetzen Pergament, mit einem groben Umriss, der eine winzig kleine Ecke der Insel darstellen sollte: Bahia Chatham. Außerdem war eine exakte Angabe des Längen- und Breitengrades zu erkennen: 86 Grad 55 West und 5 Grad 35 Nord. Zwei Linien trafen sich an einem einzigen Punkt der Insel. Weston war wieder ganz in seinem Element.

»Jimmy Forbes IV klopfte eines Tages an meine Tür und behauptete, der Urgroßenkel des Piraten James Alexander Forbes zu sein«, begann Weston, während er in einem anderen Album blätterte, bis er das Foto eines schwarzhaarigen, bärtigen Mannes mit Tropenhelm fand, der gerade von einem Messgerät aufblickte.

»Das ist Jimmy«, fuhr Weston fort, »als er noch sicher war, bald den Kirchenschatz von Lima in den Händen zu halten. Als er erstmals hier vor meiner Tür stand, wollte er unglaubliche Bedingungen für die Schatzexpedition aushandeln – als Besitzer der weltweit einzigen authentischen Schatzkarte von der Kokosinsel. Ihr hättet sein Gesicht sehen sollen, als ich ihm diese Karte meines Vaters unter die Nase hielt, die mit seiner identisch war. Jimmy war regelrecht schockiert, als er realisierte, dass er nicht der einzige Besitzer der Schatzkarte war. Die Bedingungen für eine Schatzexpedition änderten sich dadurch natürlich radikal; ich hatte nicht nur dieselbe Karte wie er, sondern war auch derjenige, der sich auf der Insel auskannte. An Geld mangelte es nicht, Jimmy organisierte eine aufwendige und teure Expedition. Aber trotz Karte und aller technischen Geräte, die damals verfügbar waren, hatten wir leider keinen Erfolg.«

Weston schüttelte enttäuscht den Kopf, als ob er es immer noch nicht glauben könnte.

»Ich bin mir sicher, dass die Karte echt ist – mir fehlt nur der Schlüssel dazu. Es war bestimmt keiner so leichtsinnig, eine Schatzkarte anzufertigen, die jeder lesen konnte«, fügte er erklärend hinzu.

Das leuchtete mir ein, und auch ich hielt die Schatzkarte von James Alexander Forbes – wo auch immer Christopher Weston oder sein Vater sie herhatten – für einen Edelstein unter den Schätzen seiner riesigen Sammlung. Seinen Unterlagen und auch anderen Archiven zufolge kam James Alexander Forbes erstmals 1822 nach Kalifornien, verschwand dann wieder für ein paar Jahre und kehrte im Jahr 1831 im Alter von 28 Jahren nach San Francisco zurück, das damals noch Yerba Buena hieß. Er behauptete, ein Arzt aus Schottland zu sein, den Kontinent im Planwagen überquert zu haben und sein Glück in der Neuen Welt zu suchen – Jahre, bevor tatsächlich der erste Planwagen den gefährlichen Weg von der Ostküste zur Westküste wagte. Nachdem er sich in Kalifornien niedergelassen hatte, verschwand er immer wieder, niemand wusste wohin. Trotz der widersprüchlichen Geschichten deckten sich Westons Recherchen mit den Angaben der Nachkommen, dass James Alexander Forbes I wirklich der Maat auf der *Mary Dear* gewesen war. Zu Lebzeiten hätte er sein einstiges Piratendasein schlecht preisgeben können, sonst wäre er wohl später kaum noch Gouverneur von Kalifornien geworden. Hinzu kam seine unerklärliche, oft mehrjährige Abwesenheit. Nutzte er die Zeit, um seinen Geldbeutel auf der Kokosinsel aufzufüllen?

Seine Kinder interessierten sich wenig für die wertvolle Hinterlassenschaft, die den Weg zu einem der größten Schätze seiner Zeit weisen sollte. Erst sein Urgroßenkel James Alexander Forbes der IV., genannt Jimmy, nahm die Spur mit großem Elan wieder auf und organisierte sechs erfolglose Expeditionen auf die Insel – Christopher Weston war bei mehr als einer dabei.

»Forbes war absolut fanatisch und felsenfest überzeugt, dass er den Schatz finden würde – genau wie ich.« Mit einem Seufzer beendete Weston die Erzählung über den Piratenurenkel.

Es war inzwischen kühl geworden, Regen prasselte auf die Dachschindeln über dem Kaminzimmer. Schatzkarten und Dokumente lagen jetzt auch auf dem Couchtisch zwischen den ausufernden

Ledersofas, auf denen wir es uns gemütlich gemacht hatten. Das Feuer knisterte anheimelnd im offenen Kamin, und Andreas Pozuelo drängte Weston, nun endlich seine Version von dem größten Piratenschatz aller Zeiten zu erzählen, dem Kirchenschatz von Lima.

Die Schmeicheleien stimmten Weston nachsichtig, aber er ließ sich nur dazu überreden, die Fortsetzung der Geschichte zu erzählen:

»Fast zwanzig Jahre, nachdem der Kirchenschatz von Lima verschwunden war, genauer im Jahr 1839, klopfte es an einem stürmischen Herbstabend in St.John's, Neufundland, bei John Keating. Keating erwartete niemanden mehr, Gäste kamen um diese Jahreszeit eher selten. Der Schiffsbauer öffnete die Tür einen Spaltbreit. Davor stand ein alter Seebär – anders konnte man diesen bärtigen Mann mit sonnengegerbter Haut und in abgewetzter Seemannskluft nicht bezeichnen. ›Ich habe gehört, dass Sie Zimmer vermieten‹, raunte er, ohne auch nur Guten Abend zu sagen. Aber nur an zahlende Gäste, dachte Keating grimmig, und wie ein solcher sah dieser Mann nicht aus. Keating war kein guter Schauspieler, er hätte seine Gedanken auch laut aussprechen können. Noch bevor er etwas erwidern konnte, fuhr der alte Seemann fort: ›Mein Name ist Thompson, ich werde Ihnen nichts schuldig bleiben – vielleicht ganz im Gegenteil ...‹ Widerwillig öffnete Keating die Tür. ›Ich muss meine Frau fragen, sie vermietet die Zimmer.‹ Er wollte sich gerade umdrehen, da hielt ihm der Alte eine funkelnde Golddublone vor die Nase. William Thompson steckte die Münze schnell wieder weg, als ihn ein starker Hustenanfall überkam. Die Dublone stets vor Augen, entschloss sich Keating, Thompson Unterschlupf zu gewähren und ihn zu bewirten. Der Gesundheitszustand des hustenden Seemanns verschlechterte sich rasch, und als er sein Ende nahen sah, verriet er Keating das Geheimnis von dem großen Schatz von Lima und dem Versteck auf der Insel. Wenig später war der Pirat tot, und die Schatzkarte gehörte Keating.«

Weston lehnte sich vor und schaute uns fragend an: »Kommt euch diese Geschichte irgendwie bekannt vor?«

Eine vage Erinnerung kam in mir auf. Weston verließ den Raum und kehrte wenig später mit einer Augenklappe, einem Piratenhut und dem Papagei auf der Schulter zu uns zurück.

»Die Schatzinsel, Long John Silver!«, rief ich begeistert. Weston setzte sich in seiner Montur und fuhr fort:

»Genau! Im Jahr 1880 begann Robert Louis Stevenson vor einem prasselnden Kaminfeuer im heimischen Schottland, die ersten Kapitel der *Schatzinsel* allabendlich seiner Familie vorzutragen. Darin klopft in der Nähe des englischen Bristol ein alter Seemann in einer stürmischen Nacht an die Tür des Gasthauses Admiral Benbow und will ein Zimmer mieten – genau wie Thompson bei Keating. Nur ungern lassen die Gastwirte William ›Bill‹ Bones ein und gewähren ihm Unterkunft. Jim Hawkins, der Sohn der Gastleute, findet schnell heraus, dass Bones ein Geheimnis hat und dass er verfolgt wird. Wenige Tage später bricht der Seemann tot zusammen. Unter seinem Bett findet der junge Hawkins eine Kiste mit einer Schatzkarte – genau wie Keating die Karte von Thompson erhält.

Sowohl in Stevensons *Schatzinsel* als auch bei John Keating ist das der Beginn einer rasanten und erfolgreichen Schatzjagd. Keating startete 1841 an Bord der *Edgecombe* zur ersten Schatzsuche auf der Kokosinsel.«

Weston schaute mir in seiner Piratenmontur direkt ins Gesicht. »Es war mein Vater, der als Erster die Verbindung zwischen Robert Louis Stevenson und der Kokosinsel veröffentlicht. Er hat mit Freunden und Verwandten von Stevenson gesprochen.«

Mehr wollte Weston nicht verraten, stattdessen zitierte er zu später Stunde aus dem 1960 erschienenen Werk *The Lost Treasure of Cocos Island,* das sein Vater gemeinsam mit dem Autor Ralph Hancock geschrieben hatte. Er hätte sicher einen guten Schauspieler abgegeben, seinen Hang zu Inszenierungen sollte ich auch später noch einmal zu spüren bekommen. In der abendlichen Runde spulte er noch zahlreiche Piraten- und Schatzjägergeschichten herunter, als sei er selbst immer dabei gewesen – was er bei einigen Schatzjagden ja auch tatsächlich war. Die Grenze zwischen Legende und Historie verschwamm, ebenso wie die zwischen Erzählungen und selbst erlebten Abenteuern. Vor meinen Augen mutierte Weston vom Piraten zum Schatzjäger und dann wieder zum Abenteurer und Naturschützer. Fließend wechselte er die Themen, die alle eines gemeinsam hatten: Sie kreisten um die Kokosinsel und die verborgenen Schätze. Schließlich beugte er sich geheimnisvoll vor und flüsterte fast:

»Es gab – soviel ich weiß – nur einen einzigen Mann, der tatsächlich einen Schatz auf der Kokosinsel gefunden hat und dabei reich wurde. Er erzählte einem Freund meines Vaters, dass er zu später Stunde die Piratengeschichten von der Kokosinsel mit einer zwielichtigen Gestalt namens Peg Leg Benton in Harry Whitc's Bar in San Francisco diskutiert habe. Peg Leg hatte, wie der Name schon sagt, ein Holzbein und nur ein Auge. Er hatte sowohl Blut als auch Gold auf der Kokosinsel gesehen und konnte gar nicht genug davon bekommen, einem jungen Schriftsteller von seinen Abenteuern zu erzählen. Und Robert Louis Stevenson konnte nicht genug davon bekommen, diese Geschichten zu hören.«

Diese kurze Anekdote versetzte mir einen sofortigen Adrenalin-stoß. Bis zu diesem Moment war die Verbindung zu Robert Louis Stevensons Schatzinsel eher vage gewesen, aber diese konkrete Beschreibung einer Situation in San Francisco machte mich hell-hörig – und sollte mich später noch nach Kalifornien führen.

Während sich die Runde langsam auflöste, löcherte ich Weston noch mit allen möglichen Fragen, um weitere Hinweise auf den authentischen Hintergrund von Stevensons Schatzinsel zu bekom-men. Das gleichnamige Buch des Deutschen Peter Disch-Lauxmann fiel mir wieder ein. Bis zu diesem Zeitpunkt hatte ich den Ti-tel für einen PR-Gag gehalten. Die Parallelen hatten sich zunächst lediglich auf drei Punkte bezogen: Piraten, Schatzjäger und ein-same Insel tauchten sowohl im Roman als auch in den Legenden um die Kokosinsel auf. Hinzu kam jetzt die Geschichte von dem sterbenden Piraten und der Schatzkarte. Dass aber eine – wenn auch indirekte – Verbindung zwischen Westons Vater und Robert Louis Stevenson bestanden hatte, ließ die Angelegenheit in einem ganz anderen Licht erscheinen. Das hieß, dass Stevensons Roman ein reales Gesicht bekam, das es noch zu erforschen galt.

Beim Thema Stevenson kam ich allerdings bei Weston nicht wirklich weiter. Der Schriftsteller schien ihn nicht sonderlich zu interessieren.

Es war spät, meine Aufnahmekapazität erschöpft. Ich verab-schiedete mich von den anderen Gästen, der sichtlich erleichterten Frau Weston und dem jetzt auch ermüdeten »Piraten« und fuhr zu-rück in mein Hotel.

Die Legende von Captain William Thompson und der *Mary Dear*

Costa Rica, Dezember 1988

Die Geschichten, die ich bei Christopher Weston gehört hatte, verfolgten mich bis ins Hotelzimmer. Umgeben von einer Dunkelheit, in der nur die Geräusche der Tropen an mein Ohr drangen, drifteten meine Gedanken in die Vergangenheit. Hatten sich die Ereignisse um Captain William Thompson vor fast zwei Jahrhunderten folgendermaßen abgespielt?

Callao, Peru, August 1821

Es war ein schwül-heißer Abend, kein Lüftchen vertrieb die drückend feuchte Hitze und die Moskitos, die noch schlimmer waren als die tropische Wärme. An solchen Tagen wünschte sich William Thompson nach Schottland zurück. Selbst der stürmischste Novembertag war noch angenehmer als diese Hitze. Heute Abend würden sie nicht mehr auslaufen können. Es wurde Zeit, dass sie hier wegkamen. Thompson hatte keine Lust, mit seinem Handelsschiff, der *Mary Dear,* zwischen die Fronten der Spanier und der

Freiheitskämpfer zu geraten. Er spürte das Damoklesschwert über sich, ohne zu wissen, welche konkrete Gefahr ihm drohte. Waren es eher die Spanier oder die Freiheitskämpfer, um die er sich Sorgen machen musste?

Thompson fühlte deutlich, dass sich etwas zusammenbraute, was ihm gar nicht gefallen würde. »Die Spanier haben den Hafen fest im Griff. Ich bin sicher, dass wir bald eine Ladung ordentlicher Waren bekommen und unserer Route wie immer folgen können«, versuchte er sich mit halblauten Worten selbst zu beruhigen.

Forbes, der junge Maat, unterbrach die Gedanken seines Kapitäns. Normalerweise hätte Thompson sehr unwirsch auf einen unaufgeforderten Kommentar des Grünschnabels reagiert, heute war er fast dankbar für die Ablenkung.

»Da kennen Sie den Seewolf aber schlecht! Cochrane wird die Spanier so lange jagen, bis er auch das letzte spanische Kriegsschiff in diesen Gewässern erobert hat und der Unabhängigkeitskrieg endgültig gewonnen ist. Es wird Zeit, dass wir mit der *Mary Dear* hier verschwinden. Callao ist schon lange kein sicherer Hafen mehr, General San Martín hat seine Lieferung bekommen: ein ganzes Geschwader von Kriegsschiffen.«

Forbes hatte nicht ganz unrecht. Vor der Küste lauerte der Seewolf, Admiral Lord Thomas Cochrane, 10. Earl of Dundonald, einer der gefürchtetsten Heerführer der Weltmeere. Den Beinamen Seewolf hatte sich Cochrane während der napoleonischen Kriege erworben, die er erfolgreicher als alle anderen Seekommandanten für die englische Krone gegen Frankreich geführt hatte. Nach einem unrühmlichen Abgang aus der Armee wegen Aktienbetrugs schloss sich der Admiral der südamerikanischen Unabhängigkeitsbewegung unter General San Martín von Chile an. Während Cochrane auf See seinen Tribut forderte, schritt Martín so weit voran, dass die Spanier nur eine Lösung sahen: alles Gold außer

Landes nach Europa zu bringen. Der Seeweg schien den bedrohten Herrschern Südamerikas noch sicherer als der Landweg, denn die peruanische Bevölkerung hatte sich längst auf die Seite der Rebellen geschlagen.

Am 19. August 1821 notierte Admiral Cochrane in seinem Tagebuch: »Die Spanier gehen heute ein und aus im Fort von Callao, unermüdlich bringen sie ihre unermesslichen Reichtümer; Münzen und Juwelen, die mehrere Millionen Pfund wert sein müssen, verschwinden in der Festung. Tatsächlich sieht es so aus, als würden die Spanier ihre gesamten Reichtümer dort deponieren ...«

Obwohl die Freiheitskämpfer es nur auf die Spanier abgesehen hatten, war kein Schiff vor Cochrane wirklich sicher. Die Befreiung der Unterdrückten war ihm egal; er kämpfte nur für Geld, Gold und Juwelen. Thompson kannte ihn noch von Schottland; für einen Schatz hätte Cochrane seine eigene Mutter verkauft. Den Seewolf durfte man niemals unterschätzen.

Es war Zeit, den Anker zu lichten, bevor Cochrane wieder auftauchte und den Hafen blockierte. Thompson beschloss, nicht länger auf einen Auftrag zu warten. Vielleicht begnügte sich der Seewolf diesmal ja nicht mehr damit, den Landsleuten eine ordentliche Prise abzuknöpfen, sondern nahm gleich das ganze Schiff. Womöglich würde er auch bald den Hafen stürmen und versuchen, jedes Schiff zu kapern, das vor Anker lag. Die Spanier hielten ihre *Esmeralda* für uneinnehmbar – Thompson wusste es besser. Cochrane war kein Soldat, er war ein verdammter Pirat – und ein verdammt guter. Oder sollte Thompson ihn lieber »Freibeuter im Dienste der Unabhängigkeit« nennen? Das klang vielleicht besser, lief aber auf dasselbe hinaus: Die Gewässer zwischen hier und Chile waren nicht mehr sicher. Und dieses Wissen bereitete Thompson Sorgen.

Er würde Forbes zur Wache schicken, sich selbst ein paar Stun-

Piraten beim Entern
eines Schiffes

den aufs Ohr legen und dann den Anker lichten. An Schlaf war
allerdings kaum zu denken, bei dem Lärm im Hafen. Halb Lima
schien hier unten auf den Beinen zu sein. Lächerlich der Versuch
der Spanier, ihr Gold in der Festung zu retten. Allen voran Joaquín
de la Pezuela, der Vizekönig von Spanien. Schon vor Wochen hatten er und sein Gefolge unermessliche Schätze in die Festung gebracht, um sie vor den aufständischen Plünderern zu retten und
später in die spanische Heimat zu bringen. Kein Wunder, dass sie
ihn absetzen wollten. Das war allerdings wohl kaum mehr nötig:
Die Schlacht war geschlagen, und die Spanier konnten nur noch
verhandeln. General San Martín wollte das Volk angeblich nicht
erobern, sondern befreien.

Auf jeden Fall wurde es Thompson zu heiß hier. Er würde diesmal zwar ohne Ladung auslaufen müssen, aber besser ein Schiff ohne Ladung als gar keines. Während er das Geschehen im Hafen beobachtete und grübelte, näherte sich Forbes erneut.

»Captain, soll ich Sie ablösen?«

Thompson fuhr herum. »Sind alle Mann an Bord?«

»Jawohl, Sir, wie gewünscht. Was geht da am Hafen vor?«

»Die Spanier schaffen ihr Hab und Gut in die Festung, die Schlacht ist geschlagen. Die feigen Edelleute! Ich glaube nicht, dass sie eine Chance haben, das Ruder noch einmal herumzureißen und ihr Gold zu retten. Peru ist so gut wie unabhängig. San Martín hat das Kommando in Lima übernommen, und der Vizekönig hat sich mit seinen ganzen Schätzen schon längst hier verschanzt.«

»Captain, es scheint, Sie sind nicht gut auf die Spanier zu sprechen.«

Forbes versuchte wieder einmal erfolglos, dem bärbeißigen Captain eine Information über seine Vergangenheit zu entlocken. Irgendetwas gab es in Thompsons Leben, worüber er nicht sprechen wollte. Sie stammten beide aus Schottland und zogen das freie Leben auf See einer eingeengten bürgerlichen Existenz vor. Bei Thompson gab es aber neben der Abenteuerlust eindeutig noch andere Gründe, die ihn hierher verschlagen hatten.

»Captain, wollen Sie abwarten, ob wir morgen noch eine Ladung bekommen?«

»Nein. Sobald die Flut kommt, lichten wir Anker.«

Thompson verschwand in der Kajüte. Er würde sich kurz hinlegen und darüber nachdenken, welchen Hafen sie ansteuern sollten. Er fiel sofort in einen unruhigen Schlaf.

Immer wieder hörte er den Pistolenschuss, mit dem Benito Bonito sich das Hirn weggepustet hatte, in seinen Träumen. Dabei war er gar nicht dabei gewesen, sondern hatte erst später davon gehört.

Aber er war es gewesen, der den blutrünstigen Piraten verraten hatte. Deshalb verfolgte dieser ihn unerbittlich in seinen Träumen. Das rumgetränkte Gelage auf der Kokosinsel, nach einem erfolgreichen Kaperfeldzug. Das Gemetzel, bei dem die Piraten, besoffen von Rum und Gold, sich gegenseitig abgeschlachtet hatten.

Nur ihretwegen war er geblieben: Mary! Immer wieder sah er sie im Traum – wie sie zwischen den Leichen den Strand entlangtaumelte. Hinter ihr her wankte Benito mit blutunterlaufenen Augen und einer furchterregenden Grimasse. Der Rum hatte ihm die letzten Hemmungen genommen. Thompson wandte sich angewidert von ihm ab. Er versuchte, Mary zu trösten, als sie zwischen abgeschlagenen Köpfen und aufgeschlitzten Leichen am Strand saß und bitterlich weinte. Seine Liebe zu ihr behielt er jedoch für sich. Bonito hätte sie beide aufgespießt, wenn er davon erfahren hätte.

Vielleicht hatte Benito früher tatsächlich vorgehabt, mit Mary nach dem größten Coup ihres Lebens ein anständiges Leben zu führen. In Acapulco sollte eine Eselkarawane voller Gold und Juwelen verladen werden, um den Schatz in die spanische Heimat zu verschiffen. Doch noch bevor die Karawane den Hafen erreicht hatte, hatten sie sie mit Benitos genialem Plan und Marys Charme überwältigt, ohne einen Tropfen Blut zu vergießen. Als spanische Soldaten verkleidet, konnten sie unbehelligt den Schatz auf ihr eigenes Schiff verladen und zu ihrem Hauptquartier auf der Kokosinsel bringen.

Alles wäre gut gegangen, und sie hätten ein angenehmes Leben als wohlhabende Bewohner Südamerikas führen können, hätte Bonito nicht den Rum entdeckt, den die Karawane ebenfalls mit sich führte. Bis dahin war er Pirat und Edelmann gewesen, nahm sich nur die Schätze der raffgierigen Spanier, das Indiogold, das sie den Ureinwohnern des Kontinents geraubt hatten – anfangs im

Dienste Seiner Majestät mit offiziellem Kaperbrief, später für die Rebellen und dann auf eigene Rechnung.

Doch nun begann er zu trinken, und seine sonst angenehme Entschlossenheit wurde zu wilder Aggression. Das konnte nicht lange gut gehen. Benito kaperte wahllos alle Schiffe, die den Weg der Bande kreuzten, und so wurden sie schnell zu geächteten Piraten. Thompson hatte sich schon lange mit dem Gedanken getragen auszusteigen. Das Gemetzel auf der Kokosinsel war nur der Tropfen, der das Fass zum Überlaufen brachte.

In Valparaiso war es dann so weit. Thompson und der zweite Maat Cabral kehrten vom Landgang nicht mehr zurück. Sie hatten genug von der Sauferei und Hurerei und setzten sich ab. Thompson hatte Mary überzeugen wollen, mit ihm zu kommen, aber sie hatte es nicht gewagt. Benitos Hand saß in letzter Zeit zu locker am Schwert. Thompson und Cabral begaben sich in eine ruhige Kneipe, in der Hoffnung, nicht aufzufallen. Doch sie waren schon viel zu lange als Piraten unterwegs, um sich noch wie normale Kaufleute benehmen zu können. Jemand hatte sie erkannt.

Die Spanier kamen von hinten angeschlichen und überwältigten sie. Cabral und Thompson hatten keine Chance. Die beiden verpfiffen Benito und alle anderen an Bord – unter einer Bedingung: alle bis auf Benito am Leben und Mary und die Matrosen laufen zu lassen. Doch die hinterlistigen Spanier hatten sie getäuscht. Sie überwältigten Benitos Schiff, die *Relampago,* und schnitten allen bis auf ein paar Matrosen und Mary die Kehle durch. Anschließend versenkten sie das Schiff. Thompson hatte gehört, Benito habe sich aufgrund der aussichtslosen Lage selbst eine Kugel in den Kopf gejagt.

Ein Wunder, dass Cabral und er mit heiler Haut davongekommen waren. Seither suchte Thompson Mary, während Cabral in seine portugiesische Heimat geflohen war. Er hatte genug Dublonen für einen anständigen Neuanfang. Thomson wusste, wo die *Renard,* Bonitos Zweitschiff, lag. Er taufte es nach seiner Geliebten *Mary Dear,* stellte eine halbwegs passable Mannschaft zusammen und kreuzte fortan mit dem Schoner als Handelsschiff vor der südamerikanischen Küste – immer auf der Suche nach Mary Welch.

Unruhig wälzte sich Thompson im Halbschlaf, verfolgt von Benito und seinem blutigen Schwert, verfolgt von Marys Tränen. Er hätte nie einen Pakt mit diesem Teufel schließen dürfen. Wie hatte er sich so in einem Menschen täuschen können? In der Ferne war ein Klopfen zu hören, schweißüberströmt schreckte der Captain aus seinem unruhigen Dämmerzustand.

»Captain! Ein Vertreter des Vizekönigs steht mit einer wichtigen Botschaft an Deck.« Forbes Worte drangen dumpf durch die verschlossene Tür.

Thompson war jetzt hellwach, warf sich ein paar Kleider über und öffnete die Tür. »Was wollen die Spanier?«, fragte er seinen Maat unwirsch.

»Ich weiß es nicht. Er wollte mir die Botschaft nicht geben und ließ sich partout nicht abschütteln.«

Missmutig folgte Thompson Forbes. Keine zwei Stunden mehr bis zur Dämmerung, wenn sie ablegen wollten. Mit versteinertem Gesicht stand der spanische Offizier an Deck. Die Botschaft war versiegelt, Thompson nickte und machte mit der Rolle in der Hand kehrt. Doch der Offizier wollte nicht weichen, bevor er eine Antwort erhalten hatte. Thompson stöhnte. Es schien wirklich sehr wichtig zu sein.

Ohne eine Miene zu verziehen, brach er das Siegel und begann zu lesen. Das Schreiben enthielt die Anweisung der spanischen Krone, eine wertvolle, nicht näher definierte Fracht zu retten. Schon eine Stunde später sollte diese an Bord gebracht werden – andernfalls würden die Spanier ihn nicht auslaufen lassen und er geriet ins Kreuzfeuer zwischen Cochranes Flotte und der spanischen *Esmeralda.*

Ohne sich mit Forbes abzustimmen, nickte der Captain, und der Offizier verschwand. Normalerweise besprach Thompson Aufträge mit seinem Maat, doch diesmal hatte er keine Wahl: Sie mussten weg von hier. Er wusste noch nicht einmal, wohin sie die Fracht bringen sollten. Der versprochene Lohn war allerdings sehr verlockend, so viel konnte er mit normalem Handel nicht verdienen.

Keine Stunde später standen zwölf Soldaten, zwei Offiziere und sechs Priester mit einem Wagen voller Kisten und Truhen, die in alte Decken gehüllt waren, am Hafen vor der *Mary Dear.* Im Schatten der noch herrschenden Dunkelheit schafften sie alles an Bord und verstauten es unter Deck. Neugierig beobachtete die Mannschaft die ungewöhnliche Ladung. Normalerweise wurden die Güter von Kaufleuten gebracht und nicht von Soldaten und Priestern.

Die Beladung des Schiffes zog sich hin, und noch bevor alle Soldaten und Priester von Bord waren, rief der Captain das Kommando »Leinen los«. Unwillig, aber gehorsam gingen alle auf ihre Posten und manövrierten die *Mary Dear* aus dem Hafen, vorbei an der schussbereiten *Esmeralda,* der die Spanier salutierten. Die Front zu verlassen war nicht verkehrt, aber Thompson hatte das ungute Gefühl, den Teufel gegen den Beelzebub getauscht zu haben. Der Kurs Nord/Nordwest gab keinen Aufschluss darüber, was mit der Fracht geschehen sollte. Nervös suchte der Captain den Horizont nach feindlichen Schiffen ab.

Unterdessen hatte der Smutje sich an den Decken zu schaffen gemacht. Die Kisten aufzubrechen traute er sich nicht – aber schon das, was er so zu sehen bekam, verschlug ihm den Atem. Die Reflektion seiner Kerze blendete ihn zunächst, und es dauerte einen Moment, bis er begriff, was er vor sich hatte: eine mannshohe Madonna aus purem Gold. Er pfiff durch die Zähne und musste nicht lange darüber nachdenken, was zu tun war. Vorsichtig, fast zärtlich verhüllte er die Madonnenstatue wieder und schlich zu Forbes. Thompson gefror das Blut in den Adern. Noch bevor sie Kurs nach Norden nehmen konnten, tauchte Cochrane mit seiner Flotte am Horizont auf. Seine Schiffe waren viel schneller als die *Mary Dear*. Thompson konnte nur hoffen, dass Cochrane es eilig hatte, nach Callao zu kommen. Wenn der Seewolf die spanischen Soldaten entdeckte, war die *Mary Dear* erledigt. Die ominöse Ladung war Thompson egal – obwohl er hätte wissen sollen, was sich im Bauch seines Schiffes verbarg. Womöglich flogen sie alle in die Luft, wenn sie angegriffen wurden.

Bevor er den Befehl zum Kurswechsel direkt nach Norden geben konnte, stand Forbes hinter ihm und setzte ihm ein Messer an die Kehle. »Es tut mir leid, Sir, ich werde Sie so lange hier festhalten, bis die Mannschaft unsere ungebetenen Gäste den Haien zum Fraß vorgeworfen hat. Sie hätten möglicherweise dagegen gestimmt – ich muss Sie so lange in Ihre Kabine sperren.«

Ohne Thompson zu Wort kommen zu lassen, führte der Maat den Captain zu seiner Kajüte und ließ den Dolch erst sinken, als er ihn in den Raum gestoßen hatte. In der Zwischenzeit war Cochrane so nahe gekommen, dass ein Zusammentreffen unvermeidbar war. Die Leichen der Spanier trieben direkt auf die Flotte der chilenischen Unabhängigkeitskämpfer zu. Forbes eilte zurück zu Thompsons Kajüte und stellte ihn vor die Wahl, entweder den Spaniern zu den Haien zu folgen, in die Hände von Cochrane zu fallen oder weiterhin die *Mary Dear* zu befehligen – nicht ohne Thompson vorher über den Fund des Smutjes aufzuklären. Dieser hatte inzwischen auch die anderen Hüllen entfernt und mit den Schlüsseln, die sie zuvor den spanischen Soldaten abgenommen hatten, die Truhen geöffnet.

Es war ein Schatz, wie ihn noch keiner von ihnen je zuvor gesehen hatte. Das Gold der Inkas, eingeschmolzen und verarbeitet zu Dublonen, Schwertern und Juwelen. Edelsteine in ihrer reinsten Form, Schwerter aus purem Gold, besetzt mit Smaragden und Rubinen, Kirchenschätze von unermesslichem Wert. Allein eine einzelne Kiste enthielt 4000 spanische Golddublonen, 5000 mexikanische Kronen und 124 Schwerter aus purem Gold, daneben weitere Kriegsaccessoires aus Gold und Silber.

Thompson brauchte nur wenige Sekunden, um die Lage einzuschätzen. Sie hatten wahrscheinlich einen der größten Schätze der untergehenden spanischen Kolonialmacht an Bord. Ein Schatz, an dem Blut klebte – das Blut der Indios, durch die Hände der Spanier, das Blut der Spanier, durch ihre Hände. Sollte jetzt auch ihr Blut an dem Schatz kleben? Ganz bestimmt nicht.

Es brauchte nicht viele Worte, bis Forbes ihn von seinem Plan überzeugt hatte. Der Maat kannte die Familie Cochrane noch aus seiner schottischen Heimat, er kannte den Zungenschlag, den der Admiral verstand. Sie würden sich als Opfer der Spanier und Sympathisanten der Unabhängigkeitsbewegung ausgeben – was schließlich gar nicht so falsch war. Mit ein paar Informationen über die *Esmeralda* und die Pläne der Spanier, die er den spanischen Soldaten noch mit dem Messer abgepresst hatte, würde er den Seewolf ablenken.

Forbes ging bei Cochrane an Bord und konnte ihn davon überzeugen, dass San Martín ihn dringend in Callao erwartete. Über den ungewöhnlichen Tiefgang des Handelsschiffes schien sich der Seewolf nicht zu wundern. Die Landsleute tauschten noch ein paar Floskeln aus, und ohne auch nur einen Mann zur Inspektion des Schiffes abzukommandieren, ließ Cochrane die *Mary Dear* ziehen.

Kaum waren alle wieder an Bord und Thompson zurück auf seinem Posten, war der neue Kurs klar: 5 Grad 18 Minuten 53 Sekunden Nord und 86 Grad 49 Minuten 32 Sekunden West: die Kokosinsel.

Vier Tage und Nächte brauchte die *Mary Dear,* bevor am fünften Morgen die vollständig in Nebel und Wolken gehüllte Insel am Horizont auftauchte. In gebührendem Abstand segelte der Captain sein Schiff ein Mal um die ganze Insel. Er wollte sichergehen, dass sie die Einzigen vor Ort waren. Routiniert gab er die Befehle, um die gefährlichen Riffe zu umschiffen und sicher an der Chatham-Bucht vor Anker zu gehen.

Forbes wunderte sich über Thompsons Routine. »Sie scheinen sich hier auszukennen, Captain.« »Das kann man so sagen, Forbes.« »Darf ich fragen, warum?«

Thompson drehte sich um und schaute Forbes direkt in die Augen. »Forbes, Sie sind jetzt ein verdammter Pirat, wissen Sie das?«

»Ja, Sir, wenn ich es mir schönreden möchte, bin ich Freibeuter im Dienste der Unabhängigkeit. Aber das ist nicht die Antwort auf meine Frage.«

Ungeduldig erhob Thompson die Stimme. »Die Insel war ein verfluchtes Piratennest. Die Piratenära neigt sich dem Ende zu, früher war hier die Hölle los. Auch wenn es jetzt ruhig geworden ist, sind wir sicher nicht die Einzigen, die dieses Versteck kennen.«

»Und woher wissen Sie das alles so genau?«

»Verdammt noch mal, Forbes! Es ist nicht das erste Mal, dass ich unfreiwillig zum Piraten werde.«

»Sie?« Forbes zog erstaunt die Brauen hoch. Der Maat konnte kaum glauben, dass sein überkorrekter und wohlerzogener Captain ein Piratendasein geführt haben sollte.

In wenigen Worten erzählte Thompson, wie er einst mit seinem Schiff *Lightning* Sklaven von Afrika in die Karibik gebracht hatte und von Benito gekapert worden war. Benito hatte die Sklaven befreit und die meisten Mitglieder der Mannschaft über Bord gehen lassen. Er selbst und sein damaliger Maat wurden verschont, wahrscheinlich, weil Benito dringend erfahrene Seeleute brauchte. Damals bewunderte Thompson den Piraten als Rächer der Entrechteten, und zunächst kaperten sie auch im Dienst der englischen Krone mit offiziellem Kaperbrief. Er hatte mehr als eine Gelegenheit gehabt, dem Halunken zu entkommen. Doch er blieb und wurde mit Benito zum Schrecken der Karibik. Als dort das Pflaster zu heiß wurde und die Spanier die *Lightning,* die Bonito in *Relampago* umgetauft hatte, um das Kap Hoorn jagten, wurden sie zum Schrecken des Pazifiks. Sie hatten kein schlechtes Leben geführt, bis Bonito zu trinken anfing. Es war, als hätte er den Teufel im Leib. Also hatte Thompson in Valparaiso die Gelegenheit zur Flucht ergriffen. Danach hatte er sich als Handelskapitän eine anständige Existenz aufgebaut.

Was er Forbes nicht erzählte, war, dass er seitdem in jedem Hafen, den er anlief, nach Mary gesucht hatte. Vergeblich. Kein Sterbenswort hatte er in Erfahrung gebracht, aber er würde weitersuchen, bis an sein Lebensende.

Forbes wollte fast augenblicklich, nachdem sie den Anker geworfen hatten, die Beute an Land bringen. Nur mühsam konnte ihn Thompson davon abhalten. Viele Piraten hatten hier ihr Hauptquartier gehabt und überall geheime Verstecke. Generationen von Nachfahren würden kommen, um diese Schätze zu heben.

Nein, sie würden warten, bis die Flut kam, und dann im Süden an Land gehen. Zugegeben, ein schwieriges Manöver, aber ein viel sichererer Ort, um den Schatz zu verstecken. Forbes vertraute Thompson. Bei beginnender Flut holten sie den Anker wieder ein und segelten um die Insel, bis sie an eine Bucht kamen, in die sich ein gewaltiger Wasserfall ergoss.

»Dem Fluss, der in die falsche Richtung fließt, folgen wir, bis sich seine Richtung ändert«, lautete Thompsons Anweisung.

Forbes runzelte die Stirn und setzte wortlos das mühsame Verladen der wertvollen Fracht in das Beiboot fort. Tatsächlich strömte der Fluss, der sich aus der Kaskade in die Esperanza-Bucht ergoss, bei der aufkommenden Flut in die entgegengesetzte Richtung, und sie konnten problemlos die Flussmündung passieren und ein paar Hundert Meter ins Inselinnere rudern. In einer engen Kurve gingen sie an Land. Thompson erkannte sofort seine alten Markierungen und entdeckte den Eingang zu einer Grotte in der Steilwand. Das Verladen des Schatzes war jetzt nur noch Schweißarbeit.

Bei Sonnenuntergang hatten sie das tonnenschwere Raubgut immer noch nicht verladen, elf Bootsladungen voll mussten sie verbergen. Glücklicherweise war die Grotte groß genug. Zwei ganze Tage dauerte es, bis sie alle Juwelen, die Madonna und die Goldschätze verstaut hatten. Jeder nahm einen schweren Beutel mit Dublonen an sich, bevor sie zum Schiff zurückruderten und den Anker lichteten. Die Insel sollten sie allerdings noch lange nicht hinter sich lassen. Thompson beschloss, zurück zur ruhigeren Chatham-Bucht zu segeln, dort an Land zu gehen und für einige Wochen ein Lager zu errichten. Länger würde der Bürgerkrieg nicht mehr dauern – das war zumindest Cochranes Prognose gewesen.

Doch diesmal hatte sich der Seewolf verkalkuliert. Zwei spanische Kriegsschiffe waren ihm entwischt. Wochen später war die *Mary Dear* auf halbem Weg nach Panama. Ein Unwetter hatte das Hauptsegel zerfetzt und den Mast zerstört. Die restlichen Segel reichten gerade aus, um halbwegs zielsicher Panama anzulaufen. Doch dort wartete eines der beiden übrig gebliebenen Kriegsschiffe.

Die Spanier versenkten die *Mary Dear* mit Mann und Maus – bis auf Thompson und Forbes, die sie zum Schatz führen sollten. Im Gegenzug handelten die Piraten dafür ihre Freiheit aus – woran sie allerdings beide nicht glaubten. Thompson und Forbes hatten nur wenige Gelegenheiten, sich auszutauschen. Aber die reichten aus, um einen Plan zu schmieden.

Thompson lockte die Spanier auf die falsche Fährte, in die Chatham-Bucht, die klassische Piratenbucht. Ohne mit der Wimper zu zucken, skizzierte der alte Seebär die Lage des Schatzes unmittelbar am Strand und gab vor, die Spanier hinführen zu wollen. Während Thompson diskutierte und gestikulierte, beugte sich Forbes unauffällig vor, nahm eine Handvoll Sand und schleuderte sie direkt in die Augen eines spanischen Offiziers.

Den kurzen Moment der Verwirrung nutzten Forbes und Thompson, um ins Dickicht zu springen. Thompson kannte die Insel wie seine Westentasche. Es war ein Kinderspiel, den Spaniern zu entkommen. Ums Überleben brauchten sie sich keine Sorgen zu machen: Die Insel war ein Schlaraffenland – überall Frischwasser, Früchte, Vogeleier und gelegentlich ein Wildschwein.

Am Morgen des dritten Tages sahen sie die Spanier die Segel setzen und verschwinden. Langsam gewöhnte Thompson sich an den Zustand, verfolgt zu werden. Sie richteten sich ihr Lager so ein, dass sie alle ankommenden Schiffe sehen würden, lange bevor sie selbst entdeckt werden konnten.

Sechs Wochen später kam ein Walfangschiff aus dem neuen unabhängigen Staat Mexiko, genauer aus Yerba Buena, das später San Francisco heißen und zu den Vereinigten Staaten von Amerika gehören sollte. Thompson entschied, dass von diesem Schiff keine Gefahr drohte und sie glaubhaft ihre Geschichte als Schiffbrüchige vortragen konnten. Wie vermutet hatten sie keine Mühe, den Kapitän des Walfangschiffes von ihrem Unglück zu überzeugen, noch überzeugender waren allerdings die klingenden Münzen in ihren Beuteln, die sie angeblich vom untergehenden Schiff hatten retten können. Der Walfänger fragte nicht lange, steckte die Dublonen ein und brachte sie nach Yerba Buena. Mit einer weiteren

Münze in der Hand besorgte ihnen der Walfänger neue Kleider, und die beiden Piraten mutierten zu unauffälligen Kaufleuten.

»Sir, ich glaube, ich habe genug von der Seefahrt und genau den richtigen Ort gefunden, um mich niederzulassen.«

Während Forbes diese Entscheidung für sein weiteres Leben traf, saßen er und Thompson in einer Hafenkneipe. Der Morgen dämmerte bereits, und die ersten Sonnenstrahlen krochen durch die schmalen Fenster.

Die gleißende Sonne am tropischen Himmel von Costa Rica, die tagtäglich pünktlich um sechs am Horizont erscheint und schon um acht die Schweißtropfen aus den Poren treibt, weckte mich. Ich rekapitulierte meinen Traum, die Fakten und Geschichten von Weston, zog einige Schlüsse und stellte mir neue Fragen.

Weston glaubte nicht, dass Bennett Graham und Benito Bonito ein und dieselbe Person waren; vielleicht gab es aber eine Verbindung. Dass der Pirat Thompson von Benito Bonito und Captain William Thompson identisch waren, hielt Weston ebenfalls für falsch – es lag aber nahe. Tatsache war, dass es diese Piraten gegeben hatte und auch Mary Welch unter Benito Bonito oder Bennett Graham gesegelt war. Zwanzig Jahre nach ihrer Verbannung hatte sie den Piratenschatz auf der Kokosinsel gesucht. Zahlreiche andere Fakten konnten durch Zeitungsausschnitte, Schiffsmeldungen oder das Tagebuch von Admiral Cochrane belegt werden. Den Geschichtsbüchern von Kalifornien zufolge war James Alexander Forbes tatsächlich erstmals 1822 mit einem Walfänger als schottischer Emigrant nach Kalifornien, Yerba Buena, gekommen, und später erster britischer Konsul des neuen US-Staates Kalifornien geworden. 1879 reiste Robert Louis Stevenson nach San Francisco, Kalifornien, genau dorthin, wo James Alexander Forbes lebte und zwei Jahre später starb. William Thompson kam nachweislich 1841 nach St. John's, Neufundland, und verschwand wenig später spurlos von der Bildfläche.

Sie alle sollten mich noch eine Weile beschäftigen. Um mehr über Identität und Verbleib der Piraten und damit über den Kirchschatz von Lima herauszufinden, würde ich nach Kalifornien, Neufundland und Schottland reisen müssen.

Doch diese Suche sollte noch einige Jahre auf sich warten lassen, damals musste ich mich auf die Kokosinsel konzentrieren.

Andreas Pozuelo hatte zugestimmt, mich mit der *Okeanos* auf die nächste Expedition zur Insel mitzunehmen; Christopher Weston, sein Sohn und Pozuelos Sohn sollten auch mit von der Partie sein.

August Gisslers Vermächtnis –
meine erste Expedition zur Schatzinsel

Kokosinsel, Dezember 1988

Puntarenas – Sandspitze. Dieses Fleckchen Erde hatte aus der Vogelperspektive wahrscheinlich einmal ausgesehen wie eine lange Zunge aus Sand, die sich sehnsüchtig nach den Früchten des Pazifiks streckt. Jetzt war es eher eine lange Zunge aus Dreck, die den Unrat der letzten Jahrzehnte wieder ausspuckte. Rechts und links neben der Straße türmten sich graue Schaumkronen, bis sich die Landzunge weitete und Platz für eine zerfallende Häuserallee bot, welche die Straße vom Meer trennte. Auf die erste Häuserreihe folgte eine zweite, dann eine dritte und vierte. Das war alles, was von der einst pulsierenden costa-ricanischen Hafenhauptstadt am Pazifik übrig geblieben war. Erst auf den zweiten Blick waren die Relikte einer vergangenen Blütezeit zu erkennen.

Nach dem Ersten Weltkrieg, als der Jugendstil die Architektur inspirierte, war Puntarenas ein mondäner Küstenort. Damals gab es im Zentrum einen großen Bahnhof, der inzwischen längst stillgelegt worden war. Alle Güter, vor allem Kaffee und Bananen, die nach Kalifornien oder an andere Orte an der amerikanischen oder kanadischen Pazifikküste geliefert wurden, verließen in Puntarenas den Hafen. Und wer es sich leisten konnte, fuhr in den Ferien dorthin. Der Küstenort war mit dem Zug einfach zu erreichen und bot allen Komfort der damaligen Zeit. Parks säumten die Uferpromenade, Restaurants und Erfrischungsstände boten kulinarische Abwechslung, und Segeljachten sorgten für Zerstreuung auf dem Wasser.

Die Reichen bauten sich Häuser direkt ans Meer. An der Flussmündung entstanden üppige Villen im viktorianischen Stil, mit Docks, an denen die eleganten Segeljachten direkt anlegen konnten. Die Damen flanierten mit langen Kleidern und überdimensionalen Hüten, sich Luft zufächelnd, über die Promenade, während die Männer sich lieber in dunklen Bars ein paar Drinks genehmigten und Geschichten erzählten – und es verging kein Tag, an dem nicht wenigstens eine Geschichte über die unermesslichen Schätze auf der Kokosinsel dabei war. Noch immer wechselten Schatzkarten ihre Besitzer, Schiffe wurden gechartert, Besatzungen angeheuert. Es war die Zeit, als Christopher Westons Vater aufwuchs, auch er hatte sich oft in Puntarenas aufgehalten, die eine oder andere Geschichte aufgeschnappt, die eine oder andere Schatzkarte erworben – und mit Kurs auf Kokos den Hafen verlassen.

Die Blütezeit von Puntarenas war längst vorüber, die Eisenbahntrasse von Erdbeben zerstört, kein Containerschiff verließ diesen Hafen mehr, längst hatten Touristen und Einheimische ganz andere Strände am Pazifik erobert. Puntarenas war wieder zu dem geworden, was es einmal gewesen war: zu einem Fischerdorf, jetzt aber mit den verdreckten Relikten einer vergangenen Blütezeit. Doch es war immer noch der Ausgangsort für fast alle Expeditionen zur Kokosinsel.

Ohne zu halten, steuerten wir mit dem Auto direkt das Dock der *Okeanos* an. Es war schon spät, auf der Straße voller Schlaglöcher von der Hauptstadt hierher waren wir nur im Schritttempo vorangekommen. Jetzt blieb keine Zeit mehr für eine Stadtrundfahrt, der Captain wollte in einer Stunde die Leinen losmachen und ablegen. Nur bei Flut konnten Schiffe wie die *Okeanos* hier auslaufen und die Weite des Pazifiks erreichen. Größere Schiffe, Kreuzfahrtschiffe und Containerschiffe steuerten seit einigen Jahren einen ganz neuen Hafen in einigen Kilometern Entfernung an: Caldera.

Die Gruppe von Tauchern wartete schon am Dock, Essen und Ausrüstung waren bereits verladen; nur wir, die beiden Westons, die beiden Pozuelos und ich, hatten noch gefehlt.

Die Sonne hing tief und leuchtend orangefarben am Horizont, als die Flut ihren Höhepunkt erreichte und die *Okeanos* in den offenen Pazifik fuhr. Heerscharen von Möwen und Pelikanen begleiteten uns zunächst, um dann wieder in den Hafen zurückzukehren und auf die heimkehrenden Fischerboote zu lauern. Nachdem wir die Lichter der zerfallenden Stadt hinter uns gelassen hatten, richteten wir uns in unseren Kabinen ein.

Ich hätte es wissen müssen: Der Platz der Nationalparkranger war keiner für Ehrengäste: vorne im Bug eine schmale Pritsche, auf die mein Schlafsack kaum passte. Wobei das eigentliche Problem nicht die schmale Schlafstätte war, sondern die Lage im Bug, die für mich jede Welle zur Schiffsschaukel werden ließ. Nur nichts anmerken lassen, dachte ich mir, bei all den seefesten Schatzjägern und Tauchern an Bord. Bis zum Abendessen war die See noch spiegelglatt. Schiffskoch Memo hatte ein mehrgängiges Menü kreiert, das meine Gedanken an Seekrankheit verblassen ließ. Die kulinarische Anregung schien Westons Erzähldrang wieder aufleben zu lassen. Er erzählte eine Anekdote nach der anderen, von dekadenten Schatzjägern, deren Hauptaugenmerk auf der Verpflegung an Bord gelegen hatte; von millionenschweren Expeditionen, die nicht auslaufen konnten, weil der Wein aus Frankreich nicht rechtzeitig eintraf; von folgenschweren Rumgelagen und Hummerexzessen.

Ich genoss die Fahrt, allerdings lieber ohne Rum. Es schien, als wäre meine Sorge um eine eventuell drohende Seekrankheit völlig unnötig gewesen. Das sanfte Schaukeln bei Tisch wirkte einschläfernd, und so begab ich mich wenig später angenehm müde in den vordersten Teil des Schiffes, in meine schmale Koje. Abrupt hörte das wohlige Gefühl auf und verwandelte sich in eine schreckliche Übelkeit; die dramatischen Bewegungen in diesem Teil des Schiffes zeigten ihre volle Wirkung.

Ohne weitere Zwischenfälle – allerdings auch fast ohne Schlaf – brachte ich die Nacht hinter mich und kroch am nächsten Morgen an Deck. Schon um sieben Uhr stand die Sonne sengend am Himmel, früher als am Festland, reflektiert von der unendlichen Weite des Ozeans. In alle Richtungen war am Horizont nur Wasser zu sehen. Ich ließ mich belehren, dass meine Seekrankheit leicht zu überwinden sei, wenn ich auf Deck liegend den Horizont fixierte. Abwehrend versuchte ich, meinen Zustand herunterzuspielen, und erklärte, dass ich nur dort oben sei, um endlich Peter Disch-Lauxmanns Buch *Die authentische Geschichte von Stevensons Schatzinsel* zu lesen. Und so vertiefte ich mich in die spannende Lektüre über Piraten und Schatzjäger der Kokosinsel aus deutscher Sicht. Dieser Blickwinkel war vor hundert Jahren tatsächlich der richtige: Die Insel war zu diesem Zeitpunkt überwiegend in deutscher Hand.

Kaum hatte ich Lauxmanns Buch aufgeschlagen, blickte mich ein deutsche Hüne mit stechendem Blick und langem Bart an: August Gissler, Gouverneur der Kokosinsel und Besitzer eines großen Teils des Eilands. Im Jahr 1879 wollte er als junger Mann von

22 Jahren dem großbürgerlichen Alltag einer Fabrikantenfamilie in Remscheid entkommen und suchte das Abenteuer auf See. Im selben Jahr entfloh ein 29-jähriger Schotte seinem großbürgerlichen Alltag als Einzelkind in einer Leuchtturmbauer-Dynastie und reiste nach San Francisco, um die zehn Jahre ältere Dame seines Herzens zur Scheidung zu bewegen und sie anschließend zu ehelichen: Robert Louis Stevenson.

Beide hörten auf ihrer Reise von der Kokosinsel, einer kleinen Insel im Pazifik, die voller Schätze sein sollte. Bei beiden führten die wilden Piratengeschichten, die sich um diese Insel rankten, zu einem Wendepunkt in ihrem Leben. August Gissler ließ sich einige Jahre später auf der Kokosinsel nieder, um den Schatz zu suchen,

Der deutsche Fabrikantensohn August Gissler aus Remscheid lebte von 1889 bis 1908 mit kurzen Unterbrechungen auf der Kokosinsel. 1897 wurde er von der Regierung Costa Ricas zum ersten und einzigen Gouverneur der Insel ernannt.

und Robert Louis Stevenson schrieb nur wenige Monate später über die Insel und wurde mit seinem Roman *Die Schatzinsel* weltberühmt. Stevensons Werk erschien 1883 und wurde schnell zu einem Bestseller, weitere folgten. Durch den Tod seines Vaters wenige Jahre später wurde Stevenson endgültig ein reicher Mann und ging trotz seiner schweren Lungenkrankheit auf Abenteuerreise in der Südsee. Die Kokosinsel war zu diesem Zeitpunkt längst besetzt – von August Gissler. Wer nicht zu seiner Siedlung gehörte und keine Genehmigung hatte, durfte sich dort nicht niederlassen. Nicht, dass es viele Anfragen gegeben hätte – dazu war das Leben auf der Insel zu mühsam. Einzig und allein die Schatzsucher kamen und gingen, und Gissler war überwiegend damit beschäftigt, sein Terrain zu verteidigen.

Stevenson ging in dieser Zeit mit seiner ganzen Familie auf Weltreise. Die Kreuzfahrten wurden von einem Verleger finanziert, dem Stevenson regelmäßig Reiseberichte abliefern musste. Nach über einem Jahr beschloss die Familie, sich auf Samoa niederzulassen.

Stevenson war längst tot, als sich August Gissler 1908 nach jahrzehntelanger, fast erfolgloser Schatzsuche nach New York zurückzog. Im Jahr 1907 besuchte ihn während eines Aufenthaltes in New York ein Reporter der *New York Times,* um über das abenteuerliche Leben des deutschen Glücksritters zu berichten, der damals befürchtete, dass die Engländer die Insel in Beschlag nehmen würden, und schwor, sie bis zum letzten Atemzug zu verteidigen. Dem Journalisten verriet er kein Sterbenswörtchen über den Schatz, nur über seine aktuellen landwirtschaftlichen Pläne und die großartige Beschaffenheit der Insel:

»Wir haben Sand, Ton und Lehm wie Schokolade. Die Erde ist unglaublich reichhaltig, jedes Kraut explodiert förmlich auf Kokos. Die Wälder sind einfach großartig. Das Holz unserer Zedern ist weiß oder gelb und von hervorragender Qualität, hart und ohne Astlöcher. Bleistifte ließen sich hervorragend daraus herstellen.«

»Wie ist das Klima?«

»Hervorragend! Die Temperaturen liegen meist zwischen 25 und 35 Grad Celsius, Heizung und Mäntel sind überflüssig. Die Hitze dort ist angenehm, keiner von uns hatte je Probleme damit. Das ganze Jahr über trage ich Arbeitsanzüge und fühle mich hervorragend darin. Etwa zehn Monate im Jahr regnet es, und in den übrigen beiden Monaten gibt es gelegentliche Schauer. Aber das Beste ist das Wasser, es ist das reinste der Welt.«

So pries Gissler die Stärken der Insel an und vergaß dabei nicht, ausführlich zu schildern, wie er ungebetene Gäste oder aufständische Siedler behandelte.

»Wie haben Sie den Aufstand der Siedler niedergeschlagen?«, wollte der Reporter unter anderem wissen.

»Das war einfach. Ich habe zunächst klargestellt, dass ich der Gouverneur der Insel bin, und mit meinen Pistolen meiner Position Nachdruck verliehen. Sie haben sofort ihre Waffen niedergelegt, und der Frieden war wiederhergestellt. Der Aufstand ver-

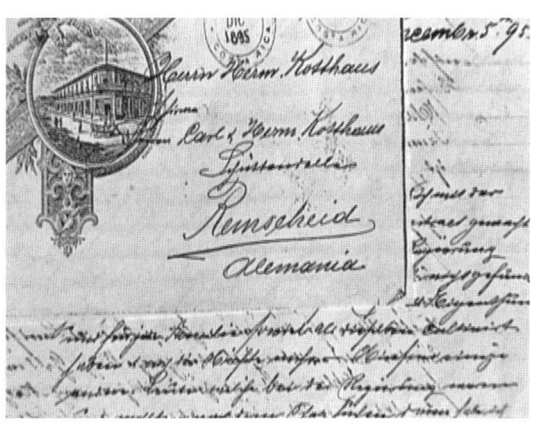

Auszug aus einem Brief von August Gissler an seine Familie in Remscheid, Dezember 1895. In dem Brief schwärmt Gissler in den höchsten Tönen von der Kokosinsel.

anlasste mich jedoch, alle mit dem nächsten Schiff nach Hause zu schicken.«

Wieder keine Frage nach dem Schatz.

Am Ende des Gissler-Interviews fiel mir ein, dass Christopher Weston noch interessante Unterlagen mit auf die Expedition hatte nehmen wollen. Ich machte mich auf die Suche nach ihm, und als er seinen Schatz zum Thema Gissler hervorholte, verschlug es mir den Atem: Es handelte sich um zahlreiche Fotos und die Autobiografie des deutschen Schatzjägers. Westons Vater hatte Gissler das Werk kurz vor seinem Tod abgekauft. Es war fast ein ganzes Buch über das Leben und Wirken dieses außergewöhnlichen Abenteurers. Das Original schlummerte selbstverständlich in einem Safe in Westons Haus. Jahre später sollte ich Gelegenheit haben, es für meinen ZDF-Film über die Kokosinsel ausschnittsweise abfilmen zu lassen, doch damals durfte ich mir noch nicht einmal Notizen machen. Weston hütete diese Autobiografie wie einen Schatz, den er viele Jahre später durch den Verkauf tatsächlich in bare Münze verwandelte.

In Gedanken versuchte ich, mir ein genaues Bild von Gissler zusammenzusetzen. Es war das Foto des alten Mannes mit traurigem Blick und langem Bart, das sich in mein Gedächtnis brannte und zusammen mit all den anderen Unterlagen zu einer Geschichte formte:

Der Gouverneur stand gedankenverloren am Fenster, als es an seiner Tür klopfte. Sein Blick war starr nach draußen auf die Silhouette von Manhattan gerichtet, seine Gedanken waren ganz woanders. Er sah keine Freiheitsstatue, kein Haus. Vor seinem inneren Auge strahlte eine nebelverhangene Insel, mit romantischen Stränden, gesäumt von Kokospalmen, mit Buchten, in die sich gigantische Wasserfälle stürzten. Er sah sich, wie er dem urwaldgesäumten Flusslauf folgte, den Abhang hinauf zu einem fast unsichtbaren Höhleneingang. Immer wieder träumte er davon, wie er mit zitternden Händen einen Felsen, eine Tür zur Seite schob. Tonnen von Gold und Juwelen im Inneren der Höhle reflektierten die einfallenden Sonnenstrahlen.

Doch nun riss ihn ein immer lauter werdendes Klopfen aus seinem Tagtraum. Als er die Tür öffnete, war der Reporter gerade im Begriff, sich umzudrehen und zu gehen.

»Herr Gouverneur, Sie sind ja doch da! Schön, dass Sie unser Interview nicht vergessen haben.«

Höflich bat Gissler seinen Gast herein und offerierte ihm einen Platz an dem geräumigen Esstisch. Während der Reporter an seinem Tonbandgerät herumfingerte, holte Gissler aus einer alten Truhe eine brüchige Karte, ein paar Golddukaten und einen goldenen Handschuh.

Auf die vorsichtige Anfrage des Reporters: »Wollen Sie mir Ihre Geschichte erzählen?« begann August Gissler mit seinem Bericht.

»Es war Weihnachten 1879 in Remscheid, als ich eine folgenschwere Entscheidung traf. Meine Verwandten meinten es gut mit mir, sie hatten mir eine hervorragende Ausbildung zukommen lassen und beste Möglichkeiten in ihrem Betrieb zugesichert. Doch ich war für dieses Leben einfach nicht geschaffen, in meinen Adern floss Seemannsblut. Schon als Kind war mir jedes Abenteuer wichtiger als die Freuden und Pflichten des Alltags. Das bürgerliche Leben engte mich ein.

An Heiligabend hielt mein Onkel im festlich geschmückten Weihnachtszimmer vor versammelter Familie eine Rede. Sie galt mir, August Gissler, dem baldigen Nachfolger in der Papierfabrik. Alle erhoben sich und klatschten. Ich bat höflich um das Wort, bedankte mich feierlich und endete mit der Verkündung, dass ich die

Bürde nicht tragen könne und der Aufgabe nicht gewachsen sei. Ich erklärte, dass ich in Kürze via Hamburg nach London aufbrechen würde, um möglichst bald als Seemann anzuheuern. Alle waren empört, es herrschte ein großes Durcheinander. Keiner nahm mich richtig ernst, einige versuchten sogar, so zu tun, als sei meine Rede ein schlechter Scherz gewesen. Weitere Diskussionen hatten keinen Sinn, also verließ ich die Feier und brach wenig später auf.

In London fand ich recht schnell ein Schiff, auf dem ich nach Übersee anheuern konnte. Es war die *Highflyer*. Mir kam zugute, dass ich vom Ingenieurwesen viel Ahnung hatte und so jemand auf einer langen Überfahrt immer zu gebrauchen war. Ich musste zwar hart arbeiten, doch das fiel mir leichter, als am Schreibtisch zu sitzen. Ich war zum Seemann geboren, kein Sturm konnte mir etwas anhaben. Bei einem großen Unwetter vor Kap Hoorn wäre das Schiff beinahe untergegangen. Es war mehr Glück als Verstand, dass die *Highflyer* das Kap letztlich fast unversehrt umrunden konnte. Nur die Entsalzungsanlage war vom Sturm zerstört worden. Ich verstand mich damals sehr gut auf Maschinen und bot meine Hilfe an. Ein junger Portugiese namens Manoel Cabral stand mir zur Seite, und so schafften wir es tatsächlich, das Ding zu reparieren. Danach saß ich allabendlich mit Manoel in meiner Kabine und teilte mit ihm die Flasche Rum, die mir der Captain hatte zukommen lassen.

Es vergingen ein paar Abende, an denen wir uns gegenseitig Schoten aus dem Leben und Seeräubergeschichten erzählten, bis Manoel ernst wurde und mich fragte, ob ich die Geschichte seines Großvaters hören wollte. Ich hatte keine Ahnung, was Manoels Großvater für ein Genosse war – aber was sollten wir sonst tun? Also nickte ich eifrig, obwohl ich kein großer Freund von Familiengeschichten bin. Doch als Manoel erzählte, sein Großvater sei

Pirat gewesen, wurde ich misstrauisch. Wollte er mir einen Bären aufbinden? Seemannsgarn auftischen, weil uns die Geschichten ausgegangen waren? Mein aufkommender Ärger verschwand jedoch, als Manoel eine alte, zerknitterte Karte von einer Insel hervorholte. Auf der Karte waren Kreuze und Wegweiser verzeichnet – und die Lage der Insel im Pazifik. Dass es sich bei dem Eiland um die Kokosinsel handelte, erfuhr ich erst viel später. Doch damals konnte ich es nicht abwarten, die Geschichte von Manoels Großvater zu hören. Manoel ließ sich Zeit, nahm einen ordentlichen Schluck Rum und holte tief Luft, bevor er endlich anfing zu erzählen:

›Er kam aus einer armen Fischerfamilie in Portugal und half, wie alle anderen Jungen aus dem Dorf auch, schon mit zwölf Jahren seinen Eltern beim Fischen. Manchmal fuhren die Jungen alleine hinaus. So auch an einem verhängnisvollen Sommermorgen, als plötzlich ein Gewittersturm aufzog und das kleine Boot mit meinem Großvater und den anderen Jungen aufs Meer hinauszog. Sie hatten keine Vorräte, kein Wasser und bald auch keinen Horizont mehr in Sicht. Mein Großvater war sicher, dass sein letztes Stündlein geschlagen hatte, als plötzlich ein rettendes Schiff auftauchte: die *Renard*. Doch die Retter entpuppten sich als blutrünstige Piraten, und die Schiffbrüchigen wurden zu ihren Sklaven. Mein Großvater war damals der Kleinste und musste dem Smutje helfen. Bald erfuhr er, dass der Schiffskoch gemeinsam mit den anderen eine Meuterei plante und dass er dabei helfen sollte, indem er geheime Botschaften im Essen transportierte. Die Meuterei gelang, der Smutje wurde der neue Captain und ging später als der blutige Pirat Benito Bonito in die Geschichte ein. Doch davon wussten sie damals noch nichts.

Mein Großvater hätte die Möglichkeit gehabt, im nächsten Hafen an Land zu gehen und zu bleiben, doch der neue Anführer erzählte vom freien Piratenleben in so schillernden Farben, dass mein Großvater schwach wurde und auf die dunkle Seite wechselte: Er wurde Pirat.

Kurz bevor Bonito geschnappt wurde, konnte er mit einem ansehnlichen Säckel Gold fliehen und schaffte es, in seine Heimat zurückzukehren. Dort erzählte er niemanden etwas von seiner Vergangenheit. Mit dem Geld konnte Großvater ein beschauliches Leben führen, und niemand erfuhr etwas von seinem einstigen Piratenleben – bis er mich an sein Sterbebett holte und mir die ganze Geschichte erzählte. Sein letzter Wunsch war, ich solle den Schatz von der Insel holen, und dafür gab er mir all die Unterlagen.‹

Es bestand kein Zweifel, dass Manoel die Sache todernst war. Ich betrachtete die Karte eingehend. Von einer Insel mit dem Namen ›Isla de Palma‹ oder ›Isla del Coco‹ hatte ich noch nie gehört. Und doch ließen die Längen- und Breitengrade keinen Zweifel daran, dass wir ganz in der Nähe vorbeigefahren sein mussten. Nach einigen weiteren Abenden in meiner Kajüte mit einer Flasche Rum und Manoels Aufzeichnungen verabredeten wir, uns gemeinsam auf Schatzsuche zu begeben.

Wir beschlossen, in San Francisco von Bord zu gehen und uns auszahlen zu lassen. Der Sold war alles andere als berauschend und reichte keinesfalls für eine Expedition zur Kokosinsel. Nach einigem Hin und Her einigten wir uns darauf, noch bis Honolulu auf der *Highflyer* zu dienen und dort durch die Arbeit auf Ananasplantagen das restliche Geld für die Schatzsuche zusammenzusparen. In San Francisco hatten wir ein paar Tage Zeit, die wir uns vor allem in Harry White's Bar vertrieben. Dort traf ich auf einen schottischen Reisejournalisten, den ich schon in London kennengelernt hatte – Robert Louis Stevenson, der Ihnen inzwischen ein Begriff sein sollte. Ich weiß nicht, wie er Manoel dazu brachte, seine Geschichte zu erzählen. Er schien auch schon eine ganze Menge über die Schatzinsel zu wissen. Es stellte sich heraus, dass es von Kalifornien aus dauernd Schatzexpeditionen zur Kokosinsel vor Costa Rica gab, was mich ziemlich verstimmte.

Inzwischen hatten wir uns mit Stevenson geeinigt, dass es sich bei Manoels Insel um die Kokosinsel handeln musste. Die Tatsache, dass schon zahlreiche Schatzexpeditionen stattgefunden hatten, ließ Manoel jedoch zunehmend mutlos werden. Mein Abenteuergeist hingegen war noch nicht ganz erloschen. Wir trennten uns im Guten. Ich durfte mir sämtliche Unterlagen kopieren und versprach, ihn zu unterrichten, falls ich jemals auf die Insel käme, und ihn zu beteiligen, falls ich den Schatz fände. Wir setzten sogar einen Vertrag auf.

Das war das Letzte, was ich von dem jungen Portugiesen gehört habe. Pflichtbewusst schrieb ich ihm später an die angegebene Adresse seiner Verwandten, erhielt aber nie eine Antwort. Er verbrachte wohl noch ein paar Tage mit Stevenson, bevor er auf einem anderen Schiff anheuerte und für immer verschwand. Ich hielt an unserem ursprünglichen Plan fest, zunächst auf einer Ananasplantage auf Hawaii zu Geld zu kommen.

Das war schwerer als gedacht. Um überhaupt ein bisschen Geld beiseitelegen zu können, schob ich Überstunden und arbeitete auch an den Wochenenden. Das tropisch feucht-heiße Klima und die harte Arbeit machten mir zum Glück nicht viel aus. Viel schlimmer war, dass es wesentlich länger dauerte, das Geld zu sparen, als ich ursprünglich angenommen hatte. Eines Abends rechnete ich mir aus, dass ich noch fünf Jahre brauchen würde, um eine eigene Expedition finanzieren zu können.

Es war frustrierend, aber aufzugeben kam für mich nicht infrage. Ich arbeitete noch verbissener und verbrachte meine wenige Freizeit mit Christoph Bartlet, dem Verwalter der Plantage, einem ehemaligen Walfänger. Wir hatten uns auf Anhieb gut verstanden und vertrauten uns rasch so einige Geschichten an. Als ich ihn fragte, ob er schon einmal etwas von einer Isla de Palma oder Isla del Coco gehört habe, wurde er hellhörig. Und es dauerte nicht lange, bis er mir erzählte, dass er ebenfalls eine Schatzkarte von der Kokosinsel geerbt habe, und wie sein Vater an die Unterlagen gekommen sei:

›Als Walfänger war mein Vater oft auf der Kokosinsel, um seine Wasservorräte aufzufrischen. Es war nicht das erste Mal, dass er auf der einsamen Insel jemanden antraf, aber die beiden angeblich Schiffbrüchigen, die er im Herbst 1821 dort aufgabelte, waren ihm suspekt. Eines Nachts verabreichte er ihnen einen Schlaftrunk und durchsuchte ihre Sachen. Das einzig Interessante, was er dabei fand, waren ein paar Golddukaten und eine Karte von der Insel. Die Karte kopierte er heimlich, und die Dukaten ließ er den zerlumpten Gestalten.‹ Bartlet breitete die Karte vor mir aus und meinte: ›Das hier ist die Karte, genau so hat das Original ausgesehen. Mein Vater war gut im Duplizieren.‹

Wir verglichen die Karten und stellten fest, dass es sich um dieselbe Insel handeln musste, auch wenn es verschiedene Verstecke waren, welche die Karten zeigten. Es bedurfte keiner langen Überlegungen, bis wir beschlossen, gemeinsame Sache zu machen und nicht erst in fünf Jahren auf Schatzexpedition zu gehen. Bartlet hatte einiges gespart und ich eine Idee: Wir gründeten die Cocos Island Plantation Company, und ich fuhr mit frisch gedruckten Aktienpapieren im Gepäck auf dem nächsten Schiff nach Deutschland zurück, um dort Anteile zu verkaufen.

Es war das erste Mal nach vielen Jahren, dass ich meine Familie wiedersah. Obwohl mir alle verziehen hatten und meine Verwandten in die Aktien investierten, konnte ich nicht schnell genug wieder wegkommen. Die Enge in Deutschland erdrückte mich. So schnell wie möglich heuerte ich wieder an, mit einer sehr interessanten Lektüre im Gepäck: *Treasure Island* von Robert Louis Stevenson. Das Buch war gerade erschienen, und ich dachte manchmal, dass die Karte darin fast besser war als meine eigene. Die Ähnlichkeit von Stevensons Schatzinsel mit der Kokosinsel war über jeden Zweifel erhaben, und die Geschichte hatte verblüffende Parallelen zu Bartlets Erzählung. Es war nicht das letzte Mal, dass ich erfahren musste, dass ich nicht der Einzige war, der das Geheimnis der Kokosinsel kannte.

Ich traf mich mit Bartlet in San Francisco, und von dort starteten wir nach Puntarenas, Costa Rica. Bis dahin verlief alles nach Plan. Ich hatte nicht erwartet, dass wir dort als Erstes drei Kanadier treffen würden, die gerade von einer erfolglosen Schatzexpedition von der Kokosinsel zurückgekehrt waren. Sie erzählten, sie hätten ihre Kenntnisse von John Keating aus Neufundland, der 1841 und 1844 bereits einen Teil des Schatzes gehoben habe. Dieser wiederum wollte seine Informationen aus erster Hand von einem Piraten Thompson bekommen haben, der selbst den großen Schatz von Lima auf der Kokosinsel versteckt hatte.

Für Bartlet, der sich auf der Reise eine schlimme Grippe geholt hatte, war diese frustrierende Nachricht das Ende der Expedition. Für mich ein weiteres Indiz dafür, dass der Schatz oder zumindest ein Teil davon noch auf der Insel liegen musste. Nach so vielen Jahren der Vorbereitung gab Bartlet auf, bevor es richtig losging. Ich konnte es nicht fassen. Er übergab mir sämtliche Unterlagen, und wir schlossen ebenfalls einen Vertrag, für den Fall, dass ich den Schatz finden würde.

Es war nicht einfach, ein passendes Schiff und eine vertrauenswürdige Mannschaft zu finden. Zuvor holte ich vorsichtshalber die Genehmigung der Regierung ein und handelte einen weiteren Vertrag aus. Das Geld reichte, um einen ordentlichen Schoner zu chartern, und für die notwendige Ausstattung. Sicherheitshalber

August Gisslers Hütte
in der Wafer-Bucht,
um 1900

vereinbarte ich, dass sie mich nur absetzen und nach einem Vierteljahr wieder abholen sollten. Vertrauen konnte ich niemandem. Das Schatzfieber grassierte in Puntarenas wie die Pest.

Das Leben auf der Insel und vor allem die Schatzsuche gestalteten sich schwieriger als gedacht, da ich ganz auf mich alleine gestellt war. Die Insel war mit dichtem Dschungel überzogen und die Markierungen auf den Schatzkarten viel zu ungenau. Dass auf der Insel Piraten gehaust hatten, war unübersehbar. Auf ihrem einstigen Lager errichtete ich meine Hütte. Manche Hinterlassenschaft war sogar nützlich – nur den Schatz fand ich nicht.

Ich legte kleine Plantagen mit Tabak und Gemüse an, die mir zusammen mit den Wildschweinen und Fischen ein erträgliches Leben ermöglichten. Den Tabak nutzte ich vor allem zum Tauschen, wenn Walfänger kamen oder das Versorgungsschiff, was allerdings immer seltener der Fall war, bis es irgendwann ganz ausblieb. Zur Schatzsuche blieb immer weniger Zeit. Nach einem Jahr war mir das Glück dann doch hold, ohne dass ich darauf vorbereitet gewesen wäre. Fast zufällig – keinesfalls an einer der markierten Stellen – stieß ich auf einen kleinen Schatz: einen Goldhandschuh und dreißig Golddukaten – Nahrung für meine Schatzjägerseele, und das Schatzfieber hatte mich wieder völlig im Griff.

Die Suche ging weiter. Doch wie gesagt, das Leben auf der Insel war hart, die Vorräte wurden aufgrund meiner intensiven Schatzsuche knapp, 350 Tage im Jahr regnete es, außerdem kamen ständig Schatzsucher auf die Insel, die ich in Schach halten musste, wozu ich allerdings keine Befugnis hatte – das musste ich ändern. Ich segelte aufs Festland, um den Präsidenten von Costa Rica erneut aufzusuchen. Ich versprach, das Land auf der Insel urbar zu machen, Plantagen anzulegen und eine Siedlung zu gründen. Dafür wollte ich Gouverneur der Insel werden und das alleinige Recht auf die Schatzjagd bekommen. Für den Fall, dass ich den Schatz finden würde, handelte ich mit der Regierung eine fünfzigprozentige Beteiligung aus. Und somit wurde ich erster und auch letzter offizieller Gouverneur der Insel.«

Der alte Gissler erhob sich von seinem Platz am Fenster, ging mit schlurfenden Schritten zu einer Schublade und kramte darin herum, bis er fand, was er suchte: einen Satz Briefmarken mit der Kokosinsel und ihm als Motiv. Der Journalist nickte anerkennend. Nun stellte er eine Frage, der er bislang ebenso ausgewichen war wie der Frage nach dem Schatz:

»Wie haben Sie eigentlich Ihre Frau kennengelernt?«

Gissler schloss die Augen, sodass der Journalist schon befürch-

»Dieser Umschlag erinnert an die ersten Briefmarken, die der Kokosinsel gewidmet waren, Costa Ricas abgelegenem Kolonialbesitz im Pazifik, wo ein Piratenschatz im Wert von 100 Millionen Dollar begraben liegen soll«. Der Poststempel ist von 1936.

tete, das Gespräch, das so vielversprechend begonnen hatte, sei hiermit beendet. Doch Gissler entschied sich anders:

»Da ich dem Präsidenten versprochen hatte, eine Siedlung auf der Insel zu gründen, musste ich wohl oder übel das Versprechen einhalten. Mit meinem Pfand – dem goldenen Handschuh und den Dublonen – kehrte ich nach Deutschland zurück und brauchte kaum Überzeugungsarbeit zu leisten, um einige Abenteurer und neue Geldgeber zu finden, die entweder mitkamen oder investierten. Insgesamt waren es neun Familien, die mit mir auf die Insel zurückkehrten. Das Geld reichte aus, um Baumaterial und andere notwendige Dinge für die Gründung einer Siedlung zu erwerben. Außerdem konnte ich meine Geräte für die Schatzsuche aufstocken und Waffen zur Verteidigung und Jagd besorgen.

Wir waren also bestens ausgestattet, als wir mit Mann und Maus die Kokosinsel erreichten. Die anfängliche Verzückung über das tropische Paradies verlor sich bei den meisten allerdings sehr schnell. Für die Schatzsuche blieb wieder kaum Zeit. Meine Hoffnung, dass sich die Siedler um die Plantagen und die Tücken des Alltags kümmern würden, während ich mich mit ein paar ausgewählten Männern der Schatzsuche widmete, schmolz dahin. Ich war hauptsächlich damit beschäftigt, Eindringlinge zu vertreiben und Eifersüchteleien und Streitereien zu schlichten.

In dieser Zeit erreichte eine sehr ungewöhnliche Schatzexpedition meine Insel. Es war die Expedition von Elisabeth Brennan Keating, der Witwe von John Keating, dessen Name immer wieder auftauchte und der mir schon oft Kopfschmerzen bereitet hatte. Drei Mal war er auf meiner Insel gewesen – mit der Schatzkarte von William Thompson –, drei Mal soll er sich dort Gold geholt haben. Genug, um ein florierendes Unternehmen aufzubauen, zu wenig, um für immer und ewig ausgesorgt zu haben. Er hatte wohl berechtigte Zweifel daran, heimlich ein riesiges Vermögen abtransportieren zu können, und holte immer nur einen unauffälligen, kleinen Teil des Schatzes. Einige Leichen sollen seinen Weg zum Schatz gepflastert haben, darunter auch Thompson und Boag, der Kapitän seiner ersten Expedition. Einen Mord nachweisen konnte man ihm nie, aber die Gerüchte hielten sich trotzdem hartnäckig.

Ich konnte es damals kaum fassen, dass es seine Witwe war, die in den Lauf meines Gewehrs blickte. Ich ließ die Waffe sinken und bat sie in meine Hütte. Doch sie war nicht die einzige Dame, die von Bord des Schiffes gegangen war. Wenige Schritte hinter ihr stand ihre wunderschöne junge Nichte: Mary Elisabeth. Auch sie folgte mir in die Hütte, ebenso Richard Young, ein Stiefsohn von Mrs. Brennan Keating, zu dem sie wohl nicht das beste Verhältnis pflegte.

Wir verglichen unsere Unterlagen, schlossen einen Vertrag und gingen ein paar Tage lang gemeinsam auf Schatzsuche. Ich muss zugeben, dass ich der gemeinsamen Unternehmung nur wegen Mary zugestimmt hatte und sehr froh war, dass die Suche der alten Dame nach einigen Tagen zu viel wurde. Doch Mary schien vom gleichen Abenteuergeist und Schatzfieber getrieben wie ich. Richard Young hingegen stand nur die Gier in den Augen.

Es bedurfte einiger Überzeugungsarbeit meinerseits, die alte Dame zur Umkehr zu bewegen. Nach einem Jahr wollte sie schließlich zurückkehren, stellte jedoch eine Bedingung, die mein Herz höher schlagen ließ. Ich musste all meine schauspielerischen Fähigkeiten aufbringen, um nach außen den Anschein des Widerstands zu erwecken. Ich fürchtete, falls ich meine Begeisterung zeigen würde, könnte es sich die alte Dame anders überlegen, schließlich wollte sie mir eine Bürde auferlegen und keine Freude bereiten.

Denn Elisabeth Brennan forderte tatsächlich, dass ihre zauberhafte Nichte Mary auf der Insel bleiben und meine Schatzjagd überwachen sollte. Und Mary schien keinesfalls entsetzt darüber, auf unserer einsamen Insel ein Jahr in meiner Gesellschaft zu verbringen.

Es war Liebe auf den ersten Blick. Mary war unglaublich, voller Energie, Tatendrang, Abenteuerlust und Liebe. Ihr Enthusiasmus für die Schatzjagd stand meinem in nichts nach. Erst viel später verriet sie mir, warum: Ihre Großmutter, die ebenfalls Mary hieß, war von Piraten entführt worden, die genau hier, auf unserer Insel, Schätze versteckt hatten. Bei ihrem letzten Raubzug waren sie erwischt und ihre Großmutter in eine Strafkolonie in Tasmanien gebracht worden. Direkt nach ihrer Freilassung heiratete sie und fand Investoren für eine Schatzexpedition, doch die Insel sah völlig anders aus als in ihrer Erinnerung. Markierungen fehlten, Bäume waren gefällt worden, und sie konnte den Schatz nicht finden. Sie erfuhr, dass John Keating ihr zuvorgekommen war, und suchte ihn auf. Dass ihre Tochter – Marys Tante – Keating schließlich heiratete, war eher geduldet als gewollt.

Mit Mary begann die schönste Zeit meines Lebens. Die Schatzsuche blieb allerdings weiterhin erfolglos, was wohl auch daran lag, dass frisch Verliebte nicht immer konzentriert bei der Sache bleiben. Außerdem hatten wir nach wie vor zu viel Arbeit auf den Plantagen und bei der Verarbeitung unserer Produkte, sodass nicht genug Zeit blieb, das schwierige Gelände in vollem Umfang zu erkunden. Die Wochen und Monate vergingen wie im Flug. Mit ihrem Charme schaffte Mary es auch, die Herzen der Siedlerfamilien zu erobern. Trotzdem konnte sie ihren Enthusiasmus nicht auf diese Menschen übertragen. Und mir fiel es immer schwerer, meinen Unmut über die jammernden Siedler zurückzuhalten.

Die Siedler verschwanden mit dem nächsten Versorgungsschiff, noch bevor Elisabeth Brennan zurückkam. Nur Mary und ich blieben auf der Insel. Hätten wir nicht mit den Schwierigkeiten des Alltags zu kämpfen gehabt und ich meinen Pflichten als Gouverneur nachkommen müssen, es wäre das Paradies auf Erden gewesen.

Doch es kam der Tag, an dem ich zur Vertragsverlängerung aufs Festland musste. Das Versorgungsschiff kam längst nicht mehr, mit den Siedlern war auch diese letzte Verbindung zur restlichen Welt verschwunden. Ich musste also mit einem selbst gebauten Schoner zur Küste segeln. Mary beharrte darauf, auf der Insel die Stellung zu halten. Ich wehrte mich nur halbherzig dagegen, da die Überfahrt alles andere als sicher war.

Aber in dem Moment, als ich den Anker lichtete, wusste ich, dass ich eine fatale Entscheidung getroffen hatte. Die Reise war eine einzige Katastrophe, ich geriet in einen Sturm und erreichte nur mit Mühe und Not das Festland – allerdings nicht das von Costa Rica, sondern von Panama. Die Verhandlungen waren erfolglos, das Versorgungsschiff würde nicht wiederkommen, und letztlich dauerte es insgesamt ein halbes Jahr, bis ich die Kokosinsel beim dritten Versuch endlich wieder erreichte. Der Zustand, in dem ich Mary vorfand, war schockierend. Kurz nach meiner Abreise hatte sie sich bei der Plantagenarbeit den Arm gebrochen und schwer verletzt.

Glück im Unglück war, dass diese Katastrophe uns noch enger zusammenschweißte. Ich schwor, Mary nie wieder allein zu lassen, und diesen Schwur habe ich nie gebrochen. Unser Alltag war schwer, aber glücklich. Die Erfolglosigkeit der Schatzsuche schlug uns nicht aufs Gemüt – wir hatten ja einander. Sie können sich unsere Freude vorstellen, als wir tatsächlich wieder Dublonen fanden. Aber das war noch nicht alles. Mithilfe von Marys Unterlagen aus der Hand von John Keating fanden wir eine seiner Markierungen: ein großes K, in einen Felsblock gehauen. Wir wussten, dass dieser Felsen den Eingang zu einer Höhle verschloss, noch bevor wir versuchten, ihn beiseitezuschieben. Nach etlichen Mühen gelang es uns, den Felsen zu bewegen. Wir krochen durch den Eingang, doch dort war der Weg versperrt. Ein riesiger Stein- und Erdhaufen türmte sich vor uns auf. Wahrscheinlich hatte ein Erdbeben die Erschütterung ausgelöst. Ich arbeitete mich mit meiner Höhlenlampe auf den Gipfel des Haufens hoch und konnte durch eine winzige Öffnung auf die andere Seite schauen: Gold, Kisten voller Gold und Juwelen! Wir waren sprachlos und völlig euphorisch. Wir konnten den Schatz zwar nicht erreichen, aber wir hatten ihn gesehen. Um ihn zu bergen, brauchten wir jedoch Verstärkung.

Wir beschlossen, diesmal gemeinsam zum Festland zu segeln und von dort nach Nordamerika, um Sponsoren zu suchen. Mary kannte viele vermögende Leute in New York, die sie überzeugen wollte, eine gut ausgestattete Expedition zu finanzieren. Obwohl wir unsere Zeit in der Zivilisation durchaus genossen, konnten wir es beide kaum abwarten, wieder zu unserer Insel zurückzukehren. Doch es sollte anders kommen. Etwas Schreckliches passierte ...«

Gissler wandte sich ab und holte ein Taschentuch aus der Hosentasche. Tränen standen dem stark gealterten Mann in den Augen. Aber er hatte sich schnell wieder gefasst und fuhr fort:

»Wir waren auf einem Empfang eingeladen. Marys einziges Laster war das Rauchen. Sie hatte auf der Insel damit angefangen, als ich sie alleine ließ. Mit dem Tabak hatte sie ihren Schmerz betäubt. Nie hätte ich sie deswegen ermahnen können – sie war so tapfer. Aber glauben Sie mir, es gibt keinen Tag, an dem ich mich nicht verfluche, sie von dieser Sucht nicht abgebracht zu haben. Die Zigaretten wurden ihr zum Verhängnis.

Der Bürgermeister höchstpersönlich bot ihr an diesem Abend Feuer an. Wir standen auf der Terrasse. Es war kühl, und Mary hatte Handschuhe und Mantel nicht abgelegt, die sie zuvor zum Reinigen weggegeben hatte. Niemand konnte ahnen, dass die Sachen mit Waschbenzin gesäubert worden waren. Ich sehe sie noch genau vor mir, wie sie mit der rechten Hand die Zigarette an ihren bezaubernden Kussmund hielt und mit der linken ihre hübschen Locken zurückstrich. So hatte sie beide Hände mit den Handschuhen am Gesicht, als die Flamme aus dem Feuerzeug viel zu hoch schoss und sofort die Handschuhe und so auch Mary in Brand setzte.

Originalschatzkarte der Kokosinsel von 1904 aus dem Fundus des deutschen Schatzjägers Peter Disch-Lauxmann, gezeichnet von Captain Fradin mithilfe von August Gissler. In der Wafer-Bucht im Norden ist mit Kreisen sowohl die Lage des Limaschatzes markiert als auch das Versteck des Schatzes, den Benito Bonito auf der Insel vergraben haben soll.

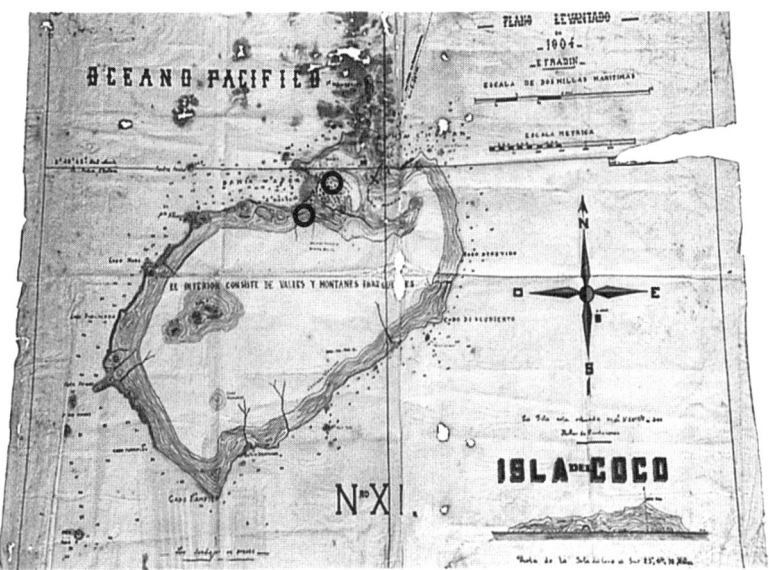

Vier Männer mussten mich festhalten, damit ich mich nicht auf Mary stürzte, um mit meinem Körper die Flammen zu ersticken. Sie löschten das Feuer schließlich, indem sie ihren reglosen Körper in einen Teppich hüllten. Alles geschah innerhalb von Sekunden. Im Krankenhaus lebte Mary nur noch wenige Stunden. Es war der schwärzeste Tag meines Lebens. Zur Kokosinsel bin ich danach nie wieder zurückgekehrt. Was sollte ich mit einem Schatz ohne Mary? Seither lebe ich nur noch für die Erinnerungen an sie.«

Der Reporter räusperte sich: »Herr Gissler – eine letzte Frage: Sind Sie immer noch sicher, dass Sie wissen, wo der Schatz liegt, und würden Sie unseren Lesern das Geheimnis verraten?«

Gisslers Trauermiene verwandelte sich in ein empörtes Gesicht. »Natürlich weiß ich, wo der Schatz liegt, aber ich werde das Versteck ganz bestimmt nicht preisgeben! Das wäre Verrat an Mary.«

Der Artikel wurde nie veröffentlicht, vielleicht wurde das Interview so auch nie geführt. Gissler starb im Jahr 1935 und erklärte vorher einem Journalisten, dass er sicher wisse, wo der Schatz versteckt sei. Seinen Verwandten in Deutschland hinterließ der notorische Schatzjäger einen komplizierten Nachlass der Besitztümer auf Kokos. Der damals noch junge Journalist Julian Weston kaufte ihm seine Tagebücher und einige Unterlagen ab. Sein Neffe, Dr. Richard Gissler, erbte ebenfalls ein paar Unterlagen.

Über Gisslers Geschichte sinnierend, war ich auf Deck mit dem Buch in der Hand eingeschlafen. Zu viel Sonne, zu viele Informationen, zu viele Wellen, zu viel Seekrankheit. Plötzlich drangen vom Heck her laute Stimmen zu mir. Mühsam wandte ich den Kopf nach hinten, um zu begreifen, was den Tumult verursacht hatte. Der Motor wurde gedrosselt, und die *Okeanos* kam zum Stillstand.

Keine fünf Meter vom Schiff entfernt stieg eine riesige Fontäne auf. Mitten im Ozean hatte sich ein einsamer Wal zu uns gesellt. Die Schönheit des Meeressäugers vor dem Blau des Horizonts war beeindruckend. Hektisch schnallten sich die Taucher Schnorchel, Brille und Flossen an, um das Naturwunder aus der Nähe zu betrachten. Als auch Christopher Weston und sein Sohn in voller Schnorchelmontur vor mir standen und mich erwartungsvoll anblickten, blieb mir nichts anderes mehr übrig, als ebenfalls den Sprung ins kalte Wasser zu wagen.

Es war ein unheimliches Erlebnis. Unter mir die scheinbar unendliche Tiefe des Ozeans und vor mir ein Koloss, der mich ganz sicher mit einem einfachen Flossenhieb ins Jenseits befördern konnte. Trotzdem war es ein ergreifender Moment, der mir im Bruchteil einer Sekunde meinen Platz auf Erden vor Augen führte und gleichzeitig die Schönheit der Kreaturen fernab der Zivilisation. Doch dann siegte die Angst über die Faszination, und ich war froh, als ich wieder an Bord war. Meine Seekrankheit war vorübergehend wie weggeblasen. Und ich konnte sie glücklicherweise sogar noch bis zum Abendessen in Schach halten.

Geheimnisvolle Orte

Kokosinsel, Dezember 1988

Land in Sicht! Land in Sicht!« Die lauten Rufe rissen mich aus meinem unruhigen Schlaf. Es dauerte einen Moment, bis ich begriff, wo ich war. Es war noch nicht einmal sechs Uhr morgens, die Sonne hatte sich erst teilweise über den Horizont erhoben und den Himmel in ein fast kitschiges Rosa getaucht, als die Insel, in dichten Nebel gehüllt, vor uns auftauchte.

Am Himmel war kein einziges Wölkchen zu sehen. Die Insel schien in Feuchtigkeit gehüllt. Zwischenzeitlich waren die Fregattvögel, die sich auf dem Schiff niedergelassen hatten, der einzige Beleg dafür, dass wir tatsächlich Land vor uns hatten und nicht nur einen Wolkenteppich. Langsam, aber stetig näherten wir uns dem mysteriösen Gebilde. Den Fregattvögeln folgten Delfine als Begrüßungskomitee. Wie Geschöpfe aus einer anderen Welt, die geschickt worden waren, uns Fremdlinge in Empfang zu nehmen, erregten sie zunächst unsere Aufmerksamkeit mit akrobatischen Sprüngen, um kaum, dass alle Augen auf sie gerichtet waren, die Richtung zu wechseln und direkt das Schiff zu belagern.

Wenig später tauchte die *Okeanos* in den Nebelschleier ein, der sich dann langsam lichtete. Es war, als würde das Paradies seine Pforten öffnen. Wasserfälle ergossen sich aus den Steilwänden wie aus einem preisgekrönten Brunnen. Zwischen den Felsnasen waren einsame, von Kokospalmen gesäumte Buchten zu erkennen, dann wieder Felsen, Höhlen und von dichtem Urwald überzogene Hänge. Unzählige Vögel veranstalteten ein Konzert, während sie zwischen dem Eiland und kleinen vorgelagerten Inseln hin- und herpendelten.

Langsam fuhren wir die Küste entlang. Wir hatten uns der Insel von Osten genähert und steuerten jetzt die nördlichen Buchten an. Geschickt manövrierte der Captain die *Okeanos* zwischen steil aus dem Meer herausragenden Felsen und der bizarren Uferformation zu unserem Ziel – den einstigen Piratenbuchten. Bis heute sind die Chatham- und die Wafer-Bucht die einzigen sicheren Ankerplätze vor der Insel. Durch das fahrende Schiff verschob sich unser Blickwinkel, und eine weit herausragende Felsnase entpuppte sich als eigene vorgelagerte Insel. Die Perspektive veränderte sich erneut, und plötzlich hatte die Insel Ähnlichkeit mit einem Totenschädel. Skeleton Island kam mir sofort in den Sinn, der Name von Robert Louis Stevensons Schatzinsel. Aus einem anderen Winkel ähnelte die Formation einer verschrumpelten Walnuss. Und so steht es auch in den Seekarten: Nuez Island.

Folgende Schilderung findet sich im 13. Kapitel von Stevensons Roman:

»Das Aussehen der Insel hatte sich, als ich den nächsten Morgen an Deck kam, vollkommen verändert. Obschon die Brise sich nun gänzlich gelegt hatte, hatten wir während der Nacht eine ganz schöne Entfernung zurückgelegt und lagen jetzt in Windstille ungefähr eine halbe Meile südöstlich von der niedrigen Ostküste. Graugefärbte Wälder bedeckten einen großen Teil der

Oberfläche. Diese gleichmäßige Tönung wurde freilich im Unterlande von Streifen gelber Sände und durch viele hohe Bäume aus der Familie der Kiefern unterbrochen, welche die andern an Höhe überragten – manche vereinzelt, manche in Gruppen; doch die allgemeine Färbung war gleichförmig und traurig. Die Hügel stiegen deutlich über dem Pflanzenbewuchse zu Spitzsäulen aus nacktem Felsgestein auf. Alle waren sie merkwürdig geformt, und der Kieker, welcher um drei- oder vierhundert Fuß der höchste der Insel war, war zugleich der äußern Gestalt nach der merkwürdigste, stieg von beinah allen Seiten steil an und war dann am Gipfel plötzlich abgeschnitten wie ein Piedestal, auf das man eine Statue stellt.«

Wir kamen Nuez Island gefährlich nahe. Riesige Wellenbrecher schaukelten die *Okeanos* wie eine Nussschale durch die Meerenge zwischen Hauptinsel und Felseninsel. Die Wogen brachen sich donnernd an dem harten Basaltgestein und ließen die Gischt weit in den Himmel spritzen. Eine Landung erschien mir unmöglich. Die Insel, die eben noch so einladend gewirkt hatte, schien sich gegen die Annäherung der *Okeanos* mit aller Kraft zu wehren.

Und so beschrieb Stevenson das Anlanden in *Die Schatzinsel* im 13. Kapitel:

»Die Hispaniola schlingerte mit den Speigatten unter Wasser in der Ozeandünung. Die Spieren zerrten an den Blöcken, das Ruder schlug hin und her, und das ganze Schiff knarrte, stöhnte und stampfte wie eine Manufaktur. Ich mußte mich feste an die Pardune klammern, und die ganze Welt drehte sich schwindelnd vor meinen Augen; denn obschon ich ein hinlänglich guter Seemann war, wenn es voranging, war dieses Stillestehen und Herumgewälztwerden wie eine Flasche doch etwas, was ich ohne Übelkeit nie ertragen lernte, vor allem aber am Morgen auf nüchternen Magen.«

Diese gischtumtoste Vorinsel tauchte in verschiedenen Überlieferungen auf. Die Nordspitze von Nuez Island war der Schlüssel zu einem der Schätze. Es existieren Schatzkarten, die genau zu dieser Stelle führen, an der vor 150 Jahren ein gigantischer Schatz gefunden worden war: der große Schatz von Lima? Die abenteuerliche Geschichte stand auf vergilbten Seiten geschrieben, die in einem costa-ricanischen Haus gefunden worden waren. So erzählte es mir jedenfalls Christopher Weston, der diese Seiten selbst in den Händen gehalten hatte. Es war genau das, wovon heute noch alle Besucher der Kokosinsel träumen: ein Zufallsfund. Über eine Insel zu stolpern und ein Schatzversteck zu finden ist der Traum eines jeden Abenteurers:

Es war das Jahr 1856, 25 Jahre nach dem Raub des großen Schatzes von Lima, 25 Jahre, nachdem der Schatz auf der Kokosinsel versteckt worden war, ein Jahr, in dem einige Mittelamerikaner dem nicaraguanischen Eroberer William Walker zujubelten und andere ihn bekämpften. Es war die Zeit, als Nicaragua eine zentrale Rolle bei der Überquerung des Isthmus spielte. 33 Jahre vor Fertigstellung des Panamakanals nutzten zahlreiche Reisende und Geschäftsleute die natürliche Wasserstraße des Río San Juan und des Nicaragua-Sees, deren Gewässer die mittelamerikanische Landenge fast komplett durchschneiden. Eine natürliche Verbindung, um von der Atlantik- an die Pazifikküste zu gelangen.

Der amerikanische Geschäftsmann Cornelius Vanderbilt hatte diesen Reiseweg kommerzialisiert, indem er Schiffe für feste Fährverbindungen von New York nach San Juan del Norte – an der nicaraguanischen Atlantikküste – und von San Juan del Sur – an der nicaraguanischen Pazifikküste – nach San Francisco einsetzte und umgekehrt. Für die Süßwasserstraße über den Río San Juan und den Nicaragua-See dienten Schaufelraddampfer als Fährverbindungen. Die verbleibenden fünfzehn Kilometer an Land überbrückte die Vanderbilt-Gesellschaft mit Eseln und Karren.

Es war die Zeit, als in Nicaragua Bürgerkrieg herrschte und William Walker als selbst ernannter Eroberer nach Mexiko vordrang. Seine Erfolge kamen der liberalen Partei von Nicaragua zu Ohren, und sie bat Walker um Förderung. Mit nur 56 Anhängern, der finanziellen Unterstützung von Cornelius Vanderbilt und der Duldung der US-Regierung fiel er im Jahr 1855 in Nicaragua ein und wurde ein Jahr später Präsident.

Walker nutzte seine Macht, um Vanderbilt die Transportkonzession über den Río San Juan zu kündigen und sich selbst daran zu bereichern. Doch der einflussreiche Multimillionär Vanderbilt war keineswegs bereit, die Segel zu streichen. Er eröffnete in Panama eine Konkurrenz-Route und bot den Transit zu Dumpingpreisen an. Walker und seine Mitstreiter waren im Handumdrehen ruiniert, und Vanderbilt hatte zwischenzeitlich auch die US-Regierung von der Illegalität des Unternehmens überzeugen können. Die selbst ernannten Freiheitskämpfer, die nie anderes im Sinn gehabt hatten, als Nicaragua zu unterwerfen und sich zu bereichern, mussten fliehen. Die Transit-Route, die über den Río San Juan nach San Francisco führte, kannten sie gut, schließlich hatte ihnen dieser Weg kurzfristig zu schnellem Reichtum verholfen. Im Hafen von San Juan del Sur eroberten sie eines der Schiffe der Vanderbilt-Gesellschaft und flohen über den offenen Pazifik auf die Kokosinsel, wohl um abzuwarten, bis der Krieg vorüber war. In der Chatham-Bucht ankerten die Flüchtigen und schickten einen Spähtrupp aus, der mit dem Ruderboot die benachbarte Wafer-Bucht auskundschaften sollte. Der Weg führte direkt an der Nordspitze von Nuez Island vorbei. Dabei entdeckten die Kundschafter zufällig einen großen Höhleneingang, dessen Grotte ein üppiges Mollusken- und Schalentierangebot versprach.

Bei Tiefststand der Ebbe machten sie sich auf den Weg, um Hummer und Kraken fürs Abendessen zu fangen. Als sie den großen, fast quadratischen Eingang erreicht hatten, entdeckten sie eine dicke, bronzene, verrostete Kette, die am Felsen verankert war und nach unten in die Tiefen des Ozeans führte. Mit vereinten Kräften schafften es die zehn Mann an Bord, das Boot zu sichern, auf den Felsen Halt zu finden und die gewaltige Kette herauszuziehen. Am Ende hing eine schwere Eisentruhe, die sie unter großen Mühen ins Boot und zurück zum Schiff schafften. Sie wuchteten die Truhe an Deck, brachen mit einer Eisenstange das Schloss auf und trauten ihren Augen kaum: Die Truhe war voller Gold und Juwelen.

Der Schatz wurde brüderlich geteilt, die Entdecker erhielten einen zusätzlichen Finderlohn, und die Flüchtlinge kehrten als reiche Männer zurück ans Festland. Allerdings mieden sie fortan Nicaragua und bevorzugten den Norden, genauer San Francisco, das gerade erst Teil der Vereinigten Staaten geworden war. Dort wurden sie von einigen sogar als Nationalhelden gefeiert. Sie ließen sich genau da nieder, wo Robert Louis Stevenson 23 Jahre später für *Die Schatzinsel* recherchierte.

Der Inhalt des Briefes aus dem Haus in Costa Rica konnte zwar nie genau verifiziert, aber ebenso wenig widerlegt werden. Die vielen authentischen Details, vom Krieg in Nicaragua bis zu den Beschreibungen der Insel, ließen das Schriftstück aber ziemlich wahrhaftig erscheinen.

Während Weston diese faszinierende Schatzjäger-Geschichte zum Besten gab, blickte ich in die große, dunkle Öffnung der Grotte am nördlichsten Punkt von Nuez Island. Platz für Unmengen von Gold, Silber und Juwelen sei im Innern der Grotte sicherlich, sagte ich zu Weston. Der schüttelte den Kopf. Ich sei nicht die

Erste, die dort ihr Glück versuchen würde. Nachdem diese Geschichte in Costa Rica die Runde gemacht hatte, hätten zahlreiche gut ausgestattete Schatzjäger die Grotte abgesucht und nichts gefunden. Und außerdem: Da nur von einer Eisentruhe die Rede gewesen war, konnte es sich nicht um den Hauptschatz gehandelt haben, nach dem alle suchten.

Als wir die Gewässer der Wafer-Bucht erreichten, glätteten sich die Wogen etwas, und die *Okeanos* kam langsam zur Ruhe. Die Ankerkette rasselte lautstark aus der Öffnung, bis sie fast komplett im Ozean verschwunden war. Die sandige, von Felsen durchsetzte und von Palmen gesäumte Bucht war deutlich zu erkennen, ebenso die kleine Rangerhütte. Ich konnte es kaum abwarten, das für mich fast heilige Land zu betreten.

Ganz im Gegensatz zu Stevenson, der im 13. Kapitel der *Schatzinsel* Folgendes erklärt:

»Vielleicht war es dies – vielleicht war's der Anblick der Insel mit ihren grauen, schwermütigen Wäldern und wilden Felsensäulen und der Brandung, welche wir sowohl sehen als auch hören konnten, wie sie da auf den steilen Strand schäumte und donnerte – zum mindesten sank mir, obschon die Sonne hell und heiß schien und die Strandvögel überall um uns her am Fischen und am Schreien waren und man hätte meinen mögen, jedermann sei froh, an Land zu kommen, nachdem man so lange auf See gewesen, das Herz in die Hose, wie man so sagt; und von jenem ersten Anblick an haßte ich schon allein den bloßen Gedanken an die Schatzinsel.«

Mir rutschte beim Betreten der Insel das Herz nicht in die Hose, es begann vielmehr freudig zu hüpfen – doch das sollte sich bald ändern. Es war vermessen und leichtsinnig, das Inselglück alleine genießen zu wollen. Nach einer kurzen Begrüßung durch die etwas gelangweilten Ranger und dem Austausch von Papieren schlich

ich mich davon und versprach, in spätestens einer Stunde zurück zu sein.

Als die anderen außer Sichtweite waren und ich die völlige Einsamkeit spürte, musste ich erst einmal tief Luft holen, den Duft der Insel einsaugen. Für eine empfindliche Nase unvergleichlich und einzigartig. Der Geruch der rauen, salzigen See vermischte sich mit dem zarten, feuchten Duft des ursprünglichen Dschungels. Der Garten Eden konnte nicht anders gewesen sein. Ich wollte diese Einzigartigkeit der Insel festhalten, Sand durch meine Finger rieseln und Flüsse, Felsen, Palmen und Dschungel auf mich wirken lassen.

Völlig selbstvergessen schlenderte ich im Schatten der Palmen das Ufer entlang, verweilte an der einen oder anderen Stelle und ließ die Piratengeschichten Revue passieren. Auf den Moment der totalen Entspannung und des paradiesischen Inselglücks folgte das böse Erwachen: Ein Pistolenlauf im Rücken und der Befehl »Hände hoch« ließen mich augenblicklich aufschrecken. Lautlos hatte sich jemand von hinten genähert. Vorsichtig hob ich meine Arme und drehte den Kopf nach hinten: Benito Bonito! Der Anblick war furchterregend. Doch meinem panischen Zusammenzucken folgte ein hysterischer Lachanfall: ein erwachsener Mann im Faschingskostüm. Weston war enttäuscht. So schlecht fand er seine Maskerade nun auch wieder nicht. Lamentierend ließ er die Attrappe einer historischen Pistole sinken. Wenige Meter hinter ihm entdeckte ich einen zweiten Piraten, den ich kurz darauf als einen unserer Matrosen identifizierte, den alle Popeye nannten. Mein Erschrecken versuchte ich ebenfalls als Schauspiel darzustellen, was mir allerdings nicht ganz überzeugend gelang. Die Piratenbande freute sich diebisch, mich derart überrumpelt zu haben. Es dauerte einen Moment, bis ich die Herren um eine Erklärung bitten konnte. Nachdem mir Weston ausufernd erzählt hatte, dass er schon immer gern Pirat gespielt habe, sein Sohn es bedauerlicherweise inzwischen albern finde und er seinem Hobby hier ungestört nachgehen könne, rückte er mit dem wahren Grund heraus: Er arbeitete an einem neuen Buch über die Kokosinsel und wollte dieses mit ein paar »echten« Piratenfotos anreichern. Mit dieser Erläuterung drückte er mir seine Kamera in die Hand und bat mich, ein paar Fotos zu schießen. Ich verkniff mir einen Kommentar und machte die gewünschten Bilder.

Wie Weston mir glaubhaft versicherte, war dies genau die Stelle, an der ein paar reiche Spanier einen weiteren Schatz verbuddelt haben sollten, der aber inzwischen gehoben sein musste. Diese Weisheit hatte er einem Artikel der Sonntagsausgabe der costaricanischen *El Hierro de Costa Rica* vom 10. Mai 1896 entnommen. Danach sollte im Jahr 1764 der mexikanische Vizekönig wieder einmal beschlossen haben, eine größere Ladung Gold – genauer Dublonen im damaligen Wert von 30 Millionen Dollar – nach Spanien zu verschiffen. Für den Transport wurde eine große Fregatte angeheuert, die den Reichtum sicher ins Mutterland bringen sollte. Es war November, und wenige Tage, nachdem das Schiff ausgelaufen war, geriet es in einen heftigen Sturm. Der Kapitän konnte das Schiff, das Gold, die Mannschaft und sich in eine geschützte Bucht vor einer einsamen Insel retten, bei der es sich zweifelsohne um Kokos handelte.

Da der Schoner im Sturm bereits sehr gelitten hatte und dem Kapitän kurz vor dem Unwetter ein Piratenschiff am Horizont aufgefallen war, beschloss er, den Schatz zunächst auf der Insel zu vergraben und zum mexikanischen Festland zurückzukehren, in der irrtümlichen Annahme, dass sie mit einem leeren Schiff sicher wären. Sie hatten kaum Anker gelichtet, als die Piraten das Schiff enterten und vor Wut, kein Gold zu finden, fast alle umbrachten – bis auf einen schwarzen Jungen, aus dem sie die Koordinaten des

Verstecks herauspressten. Doch der Junge war schlau und verriet den Räubern nicht alles, sondern nutzte die erstbeste Gelegenheit, um im Dickicht des Dschungels zu verschwinden. Später tauchte er in Costa Rica auf und führte fortan ein Sklavendasein. Als Leibeigener hatte er nie mehr die Gelegenheit, auf die Insel zurückzukehren. Die Geschichte vertraute er einzig und allein seinem Sohn an. Dieser erzählte sie einem Priester, auf dessen Unterlagen sich der Zeitungsartikel bezog. Zahlreiche Abenteurer hatten versucht, aufgrund dieser Informationen den Schatz zu heben, doch alle schlugen fehl. Ob sie zu spät kamen oder die Angaben nicht vollständig waren, wurde nie geklärt. Doch die Wahrscheinlichkeit, dass dieser Sand keinen Schatz mehr enthält, ist groß, denn zahlreiche Schatzjäger haben die Bucht mehrfach umgegraben.

Christopher Westons Buch mit den Piratenfotos sollte ein knappes Jahr später erscheinen, und auch ich fand mich darin wieder, als Kokos-Expertin und Abenteurerin.

Doch nach der Fotosession hatte ich gerade mal meine erste abenteuerliche Stunde auf der Insel hinter mir. Weston versprach hoch und heilig, mir als Entschädigung für den Schrecken alle ihm bekannten Schatzmarkierungen zu zeigen. Die Zeit war knapp. Bei Flut konnte das Zodiac, unser motorisiertes Schlauchboot, nicht sicher anlanden und uns zur *Okeanos* zurückbringen. Der Meeresspiegel war schon deutlich gestiegen, das Wasser drückte weiter auf die Insel. Wir hatten keine Stunde mehr, bis wir zum Schiff zurückkehren mussten. Sehr entschlossen führte mich Weston zu dem Fluss in der Bucht und fragte, was ich sah.

»Wasser. Einen Fluss, der ins Meer fließt.« Mehr fiel mir dazu nicht ein. Weston insistierte.

»Sieh genau hin. Fließt der Fluss jetzt wirklich ins Meer?«

»Natürlich, alle Flüsse fließen ins Meer, jedenfalls irgendwann.«

Ich sah trotzdem noch einmal ganz genau hin.

»Im Moment sieht es zwar nicht danach aus, aber es ändert nichts daran, dass auch dieser Fluss ins Meer fließt.«

Ich wusste nicht, worauf Weston hinauswollte, aber ohne eine Erklärung fragte er weiter.

»Wie? Wie sieht es denn aus, beschreib es doch mal!«, forderte der alte Seebär mich nachdrücklich noch einmal auf.

Immer noch völlig ahnungslos, zuckte ich mit den Schultern und versuchte mich erneut brav in der Flussbeschreibung.

»Es sieht aus, als würde das Meer in den Fluss fließen.«

Ich schaute noch einmal hin.

»Irgendwie sieht es verkehrt herum aus.«

Weston jubelte.

»Genau, ganz genau. Es sieht aus, als ob der Fluss in die falsche Richtung fließt. Und eine solche Beschreibung, die direkt zu einem Schatzversteck führt, habe ich in den Unterlagen meines Vaters gefunden: Folge dem Fluss, wenn er in die falsche Richtung fließt. So heißt es dort.«

Doch das war nicht alles, was Weston mir an meinem ersten Inseltag zu bieten hatte. Wir nutzten die wenige Zeit, die uns noch blieb, um dem Flusslauf zu folgen. Es war gut zu erkennen, wie lange der Fluss »in die falsche Richtung« floss. Weston deutete auf einen Felsen, den er als Markierung identifiziert hatte – doch so weit kamen wir nicht mehr. Die Zeit war verstrichen und das Dickicht entlang des Flusslaufs undurchdringlich.

Zurück auf dem Schiff holte Weston eine seiner riesigen »Kokosmappen«, in denen er seine gesammelten Werke rund um die Kokosinsel aufbewahrte. Vorsichtig blätterte er Seite für Seite um, bis er anscheinend gefunden hatte, wonach er suchte: eine echte Schatzkarte aus dem 17. Jahrhundert – oder was davon noch übrig war. Eine Karte aus Leinenpapier, vielleicht von Edward Davis oder

Lionel Wafer, vielleicht auch von einem anderen Piraten – jedenfalls eindeutig eine Schatzkarte. Ein deutliches Kreuz zierte genau die Stelle an einem Seitenlauf des Flusses, die wir heute besucht hatten. Links unten in der Legende der Karte war das gleiche Kreuz mit dem Zusatz *treasure bulk,* »Hauptteil des Schatzes«, fein säuberlich vermerkt. Es gab nur diese Karte, keine Geschichte dazu. Vielleicht gehörte die Karte zu den Aufzeichnungen von William Dampier, Weston wusste es nicht. Die Zeit passte jedenfalls, sie passte aber auch zu dem notorischen Seeräuber und späteren Gouverneur von Jamaika, Henry Morgan, und zu dem berüchtigten Piraten William Kidd. Das eindeutige Kreuz auf dem zerrissenen Leinenpapier konnte ein Hinweis auf die Reichtümer von Dampier, Davis und Wafer sein, die sie im Lauf ihrer Piratenkarriere beiseitegeschafft hatten. Das Kreuz befand sich unweit der Stelle, an der ich kurz zuvor noch mit Weston gestanden hatte. Das Gold hätte unter meinen Füßen sein können, ich hätte es nicht gemerkt.

Der Nachmittag war frei, die Beiboote für die Taucher reserviert und die Verlockung, mit eigenen Augen in die Grotte an der Nordspitze von Nuez Island zu blicken, wuchs. Inzwischen war das Wasser schon wieder deutlich gefallen und viel ruhiger als am Vormittag. Die *Okeanos* ankerte unweit der Insel. Für einen guten Schwimmer eine geradezu lächerliche Entfernung. Weston sprach mir Mut zu. Er sei schon oft zur Insel geschwommen oder habe dort getaucht. Ich solle mir ruhig einen Schnorchel nehmen und die Gegend erkunden. Er werde lieber an Bord bleiben, einen Drink nehmen und mich beobachten.

Zum einen aus Neugier und zum anderen, um nicht als Hasenfuß dazustehen, schnappte ich mir kurz entschlossen eine Taucherbrille mit Schnorchel und ein paar Flossen und sprang ins kühle Nass. Weston winkte mir fröhlich zu. Es dauerte keine zehn Minuten, die felsige »Nuss-Insel« zu erreichen. Doch das scheinbar spiegelglatte Meer spuckte hier hartnäckig kraftvolle Wogen gegen die Felsen. Wie hatte damals bloß ein hölzernes Ruderboot mit zehn Mann Besatzung anlegen können? Die Flossen vereinfachten den Landgang auch nicht gerade. Ich hätte umdrehen und zur *Okeanos* zurückschwimmen können. Ich musste mich keinesfalls ausruhen oder aus irgendeinem anderen zwingenden Grund die felsige Insel tatsächlich betreten. Warum ich trotzdem das waghalsige Unterfangen in Angriff nahm, ist mir bis heute ein Rätsel. Mit Mühe bekam ich einen Felsen so zu fassen, dass ich bequem eine Flosse auf einen benachbarten Stein setzen konnte. Doch ich hatte nicht mit der Wucht der nächsten Welle gerechnet, die mich beinahe herumgewirbelt hätte. Wie durch ein Wunder kam ich dann tatsächlich auf einem glitschigen Stein zum Stehen. Ganz unbeschadet hatte ich die Aktion allerdings nicht überstanden: Ein tiefer Kratzer zog sich längs über meinen Oberschenkel. Blut quoll tropfenweise aus seinem unteren Ende. Ich musste mich setzen, mir war leicht schwindelig. Die Lust auf mehr Abenteuer war mir gründlich vergangen.

Die Grotte, die mich zu diesem nervenaufreibenden Schwimmausflug veranlasst hatte, würdigte ich keines Blickes; ich hatte sie in diesem Moment sogar schlichtweg vergessen. Einige Minuten verharrte ich auf der felsigen Insel, die Tausenden von Brauntölpeln als Brutplatz diente und auf der ich mir jetzt völlig fehl am Platz vorkam. Die Situation gefiel mir ganz und gar nicht. Doch der Schwindel ließ nach, also wischte ich das Blut mit einer Handvoll Meerwasser weg und stürzte mich dann kurz entschlossen in die Fluten. Die Strecke zwischen der *Okeanos* und Nuez Island schien sich zwischenzeitlich verzehnfacht zu haben, obwohl das Schiff noch immer an derselben Stelle ankerte.

Im Salzwasser spürte ich den Schnitt an meinem Oberschenkel noch stärker. Fragmente aus den Erzählungen über die Kokosinsel setzten sich in meinem Hirn zu einer schrecklichen Erkenntnis zusammen: Vor der Insel wimmelte es von Haien. Und Haie liebten Blut. Sie sollten es über Hunderte von Metern, vielleicht sogar kilometerweit wittern können.

In den Piratengeschichten tauchten immer wieder Haie als Schreckgespenster vor der Kokosinsel auf. Nirgendwo sonst auf der Welt sollte es so viele Haie geben wie vor diesem verlassenen Eiland. Ich versuchte, mich mit den Gedanken an die Tauchtouristen und Tauchlehrer der *Okeanos* zu beruhigen. Die Taucher bezahlten tatsächlich Tausende von Euro, um in ein Gewässer abtauchen zu können, das voller Haie war. All die Piratengeschichten und die Insel selbst interessierten die Taucher überhaupt nicht. Mir fiel der Satz eines Tauchlehrers ein, den ich jetzt wie ein Mantra wiederholte: »Ich tauche schon seit zwanzig Jahren vor der Kokosinsel und habe noch nie gehört, dass hier jemals ein Taucher von einem Hai attackiert worden wäre.« ... Noch nie ist jemand von einem Hai attackiert worden ... Noch nie ist jemand von einem Hai attackiert worden ... Noch nie ist jemand von einem Hai attackiert worden ...

Mit einer weltrekordverdächtigen Geschwindigkeit erreichte ich die *Okeanos* und wurde dort mit den anerkennenden Worten »Du bist eine großartige Schwimmerin« begrüßt. Den Hintergrund meiner Leistung behielt ich für mich, obwohl mir eine zentrale Frage auf der Zunge lag, die ich am Vorabend zu stellen vergessen hatte: Haie hatten hier vielleicht noch keine Taucher attackiert – aber wie sah es mit den Schwimmern aus?

Keine Stunde später saß ich, so entspannt es ging, mit dem Buch von Peter Disch-Lauxmann und einem Sundowner an Deck, den Blick auf den herrlichsten Sonnenuntergang gerichtete, den man sich vorstellen kann. Mir war gerade erst aufgefallen, dass die Kokosinsel nicht gehalten hatte, was sie »versprach« – nämlich stets in Nebel und Regen gehüllt zu sein, mit einem Jahresdurchschnitt von 350 Regentagen. Die Insel hatte uns zwar in Nebelwolken gehüllt, aber bei Sonnenschein empfangen. Jetzt hatte der Himmel nur ein paar Schönwetterwölkchen geschickt, die zwischen Nuez Island und der Kokosinsel feuerrot glühten. Das Paradies konnte kaum anders aussehen.

Ich erinnere mich nicht mehr, ob es die Bewegung des Wassers war oder ein Schatten, der meine Aufmerksamkeit auf sich zog. Mein Blick schweifte flüchtig zwischen Buch und Himmel, Sonnenuntergang und Drink hin und her, als ich plötzlich wie gebannt ins Wasser starrte: Wir waren umzingelt von Haien. Vier, fünf oder sechs Bullenhaie umkreisten die *Okeanos*. Es waren gierige Fressmaschinen, die ihre berühmten Zähne in irgendetwas Essbares schlugen und dann ihre Runden fortsetzen. Sie wirkten ganz und gar nicht friedlich, wie ich es der Literatur entnommen hatte. Es stellte sich heraus, dass es kein Zufall war, dass die Tiere das Schiff umkreisten. Memo, der Schiffskoch, hatte gerade die Küchenabfälle entsorgen lassen. Wobei er umweltbewusst sehr genau darauf geachtet hatte, dass keinerlei Abfälle über Bord gingen, die nicht innerhalb kürzester Zeit dem natürlichen Kreislauf der Natur wieder zugeführt wurden. Die Haie wurden erst durch den verstärkten Bedarf an Tierbeobachtungen zu einer Gefahr: Wildtiere jedweder Art werden durch Anfüttern»dekadent«, das heißt sie verlieren den Antrieb, selbstständig auf Nahrungssuche in der Wildnis zu gehen, und verlassen sich auf die künstliche Futterquelle. Es kommt häufig vor, dass dann nicht nur Raubtiere leicht aggressiv und höchst gefährlich werden.

Von dieser unerfreulichen Entwicklung hatte ich nicht nur gehört, sondern musste ein paar Jahre später auch mehrfach Zeuge solch artfremder Aggression, vor allem von sonst harmlosen Tieren, werden: in Afrika, Asien und auch Costa Rica. Ich beobachtete, wie selbst überwiegend vegetarisch lebende Leguane, die zur

Freude von Touristen angefüttert wurden, zu aggressiven »Dinosauriern« mutierten. Ein solches Tier verletzte jemanden vor meinen Augen bei einem Blitzangriff aus heiterem Himmel mit einem gewaltigen Sprung von etwa 1,50 Metern und schlug seine rasiermesserscharfen Zähne in die Hand des Opfers. Dies geschah im costa-ricanischen Manuel Antonio, genauer im gleichnamigen Nationalpark an der Pazifikküste. Ich berichtete dem Direktor meines Hotels davon und fragte ihn, ob dies öfter geschehe.

Es war definitiv kein Einzelfall, und ich nicht die einzige Autorin, die einen solchen Vorfall beobachtet hatte: Wenige Jahre zuvor war Michael Crichton im selben Hotel zu Gast gewesen. Sein daraufhin erschienener Bestseller *Jurassic Park* fängt genau an diesem Strand an, mit leguangroßen Dinosauriern, die aus dem Gebüsch springen und angreifen. Manuel Antonio ist allerdings nicht der Haupthandlungsort des Geschehens in diesem Roman. Als Vorlage für die Insel in dem Drama diente vielmehr die Kokosinsel.

Michael Crichton war hier, erzählten mir die Ranger von der Kokosinsel später. Hatte er auch an Deck gesessen und diese Fressmaschinen beobachtet, die eigentlich harmlos sein sollen? Es war jedenfalls meine einzige Expedition zur Kokosinsel, bei der ich die Räuber des Meeres auf diese Art und Weise beobachten konnte. Wenig später wurde das Entsorgen jeglichen Abfalls im Nationalpark Kokosinsel strengstens untersagt. Da eine Zwölf-Meilen-Zone um die Insel ebenfalls zum Nationalpark gehörte, durfte hier danach noch nicht einmal mehr eine Kokosnuss über Bord geworfen werden. Das Tauchen vor der Insel blieb nach wie vor einzigartig, das Beobachten eines unvergleichlichen Naturschauspiels.

Einen ersten Eindruck von dem gigantischen Unterwasserparadies bekam ich noch am selben Abend. Nach dem Essen trafen sich Gäste und Mannschaft im Salon, einem ausgedehnten Raum im Bauch der *Okeanos* mit bequemen Ledersofas und einem überdimensionalen Monitor. Es war kein Kinoabend im herkömmlichen Sinn. Die Tauchtouristen waren alle mit damals modernsten Unterwasser-Videokameras ausgestattet und führten ihre Aufnahmen vor. Auf dem Bildschirm offenbarte sich das vielfältige Treiben im Ozean, das sich während meines nicht ganz ungetrübten Schwimmausflugs unter mir abgespielt hatte.

Schulen von Hammerhaien schwammen fast direkt an den Tauchern vorbei. Riesige Mantarochen schwebten zwischen ihnen hindurch. Eine Gruppe von Weißspitzenriffhaien lag unbeweglich am Meeresgrund, während andere in Sardinenschwärme vorstießen. Bizarre Gestalten wie Drachen- oder Trompetenfische traten hinter den Riffen hervor, wie bei einem Bühnenauftritt. Eine Meeresschildkröte knabberte genüsslich an einer Seegurke und ließ sich von den herannahenden Tauchern nicht im Geringsten stören. Im Gegensatz zu mir hatten die Taucher auch den Grund der Grotte vor Nuez Island ganz dicht vor Augen gehabt. Nichts erinnerte daran, dass hier einmal ein Schatz gehoben worden war.

Nuez Island war nicht der einzige Ort auf oder in der Nähe der Kokosinsel, wo einmal Gold entdeckt worden war. Am nächsten Morgen sollte ich mehr zu hören und zu sehen bekommen. Nach ein paar Tropfen Regen in der Früh was das Inselwetter wieder viel besser als sein Ruf, und Weston versprach, mich zu einem geheimen Zeichen in der Chatham-Bucht zu führen. Chatham ist die Bucht der Felsen und Inschriften. Zahlreiche Einmeißelungen aus den vergangenen Jahrhunderten erzählen die Geschichten der Piraten, Schatzjäger, Walfänger, Glücksritter und auch Forscher.

Zuletzt war es Jacques Cousteau, der ein Kunstwerk in Stein meißeln ließ und so seinen Besuch auf einem großen Felsen verewigte. Zwanzig Jahre später sollte ich meinen Namen und die Jahreszahl 88 nur wenige Zentimeter daneben finden. Irgendjemand aus unserem Team musste dies eingraviert haben. Inzwischen ist auch diese Spielerei verboten, die historischen Inschriften würden sonst ganz verblassen. Die Authentizität der Gravuren ist ohnehin noch nicht wissenschaftlich gesichert.

So wird etwa immer wieder darüber gestritten, ob sich der notorische Freibeuter Henry Morgan, der als »Fluch der Karibik« Filmgeschichte schrieb, je auf der Insel aufgehalten hat. Sein Name war jedenfalls überdeutlich auf einem Felsen, wenige Meter entfernt im Gebüsch versteckt, zu erkennen. Noch eine weitere Landmarke auf der Insel wies auf den blutigen Piraten hin: Die Bezeichnung Morgan's Point tauchte bei verschiedenen Schatzbeschreibungen immer wieder für die Felsnase am nördlichen Ende der Wafer-Bucht auf.

Der Stein war überwuchert von Algen, Moosen und Flechten, die auch die Inschrift überlagerten, den Namen des Piraten aber nicht verbergen konnten. Die markierten Felsen führten ein gutes Stück ins Inselinnere, einen kleinen Flusslauf entlang. Die Lage dieser Felsen war Zeugnis der erheblichen Erdbewegungen auf diesem Eiland, das an der Kante der tektonischen Kokosplatte liegt: Zum Teil standen die Wacker Kopf oder lagen auf der Seite, nur die Namen und Zahlen verrieten ihre ursprüngliche Position. Wir folgten dem Flusslauf, der sich tief in den Dschungel eingegraben hatte, ein gutes Stück. Die Böschung war steil und auf jeder Seite mindestens zwanzig Meter hoch, sodass wir auf den glitschigen Steinen durchs Wasser waten, kleinere Wasserfälle emporklettern und manchmal sogar schwimmen mussten. Ich hatte keine Ahnung, wohin die Reise führen sollte, und verließ mich ganz auf meinen erfahrenen Führer Christopher Weston, der sich urplötzlich auf einen flachen Felsen setzte.

Zunächst dachte ich an eine kurze Verschnaufpause und verstand seinen Fingerzeig als Anweisung, Platz zu nehmen, bis ich das Zeichen wahrnahm, auf das Weston deutete: Es war das »Keating K«, wie Weston mir erklärte. John Keating, der Kanadier aus Neufundland, der dem Piraten William Thompson die Unterlagen zum großen Schatz von Lima abgeluchst hatte. In seinen Überlieferungen war immer wieder von diesem Zeichen die Rede, das einen Felsen markierte, der den Eingang einer riesigen Höhle verschloss – das Schatzversteck! Keating war mehrfach auf der Insel gewesen und hatte damit geprahlt, dass er den Schatz gefunden, aber nur einen ganz kleinen Teil gehoben habe.

Ich setzte mich neben Weston und berührte das Zeichen mit den Fingern. Lagen hier die unermesslichen Reichtümer des großen Kirchenschatzes von Lima begraben? Doch wo sollte hier eine Höhle oder Grotte sein? Wir standen mitten in einem Flussbett. Weston hatte auch darauf eine Antwort und deutete auf die Steilwand rechts über uns, die von einem Erdrutsch etwas verunstaltet war. Er war überzeugt, dass sich der riesige Felsen bei einem Erdbeben von der Grotte gelöst hatte und ins Flussbett gestürzt war. Der Eingang zur Höhle sei dabei wahrscheinlich verschüttet worden und schnell zugewuchert. Eine sehr plausible Erklärung, zugegeben.

Doch das war nicht alles, was Weston an Schatzgeschichten von dieser Inselecke parat hatte. Ende der 1960er-Jahre hatte sich hier eine französische Kriminalgeschichte zugetragen, die in verschiedenen Büchern und Zeitungen in unterschiedlichen Versionen veröffentlicht worden war. Es war die Geschichte des französischen Höhlenforschers und Abenteurers Robert Vergnes, der nur aufgrund seiner geologischen Kenntnisse eine Höhle mit einem großartigen Piratenschatz gefunden hatte. Doch hatte diese Höhle ihn vielleicht auch zum Mörder werden lassen?

Weston kannte nicht nur die gedruckten Versionen der Geschichte, sondern hatte auch mit den Teilnehmern dieser unglaublichen Expedition direkten Kontakt gehabt. Auch Peter Disch-Lauxmann hatte mit eigenen Augen die Golddukaten aus dem 17. Jahrhundert zu Gesicht bekommen und darüber berichtet. Hatte es sich um den großen Schatz von Lima oder um einen anderen Schatz gehandelt? Irgendeinen Schatz hatte der Franzose hier jedenfalls gehoben – und dabei vermutlich zwei Leichen hinterlassen.

Robert Vergnes erklärte später bei der Polizei und in einem Interview der costa-ricanischen Zeitung *La Nación,* dass seine beiden Freunde vor der Insel ertrunken seien – ein tragischer Unfall. An einen Unfall glaubte jedoch niemand, weder in Costa Rica noch in der französischen Heimat. Die Expedition von Vergnes war hervorragend ausgestattet, seine Begleiter waren genauso gute Schwimmer und Taucher wie er. Von einem Schatz wollte Vergnes nichts gewusst haben; er sei aus rein wissenschaftlichem Interesse zur Kokosinsel gefahren. Ein Mord konnte ihm nie nachgewiesen werden, auch nicht nach drei weiteren Expeditionen, die er heimlich zur Kokosinsel unternahm.

Etwa zeitgleich mit Vergnes' erster Expedition sollte eine weitere heimliche Schatzexpedition von Franzosen zur Kokosinsel stattgefunden haben. Es war eine Schatzjagd ohne Schatzkarte, die hier in der Chatham-Bucht ihren Ausgang und ihr Ende nahm. Die französischen Schatzsucher hatten alle Informationen gesammelt, die sie über die Schätze der Kokosinsel finden konnten, und waren zu zwei Schlüssen gelangt: zum einen, dass der große Schatz von Lima noch auf der Insel sein musste, und zum anderen, dass das Versteck nur in einer natürlichen Höhle liegen konnte.

Einige Tage, nachdem sie ihr Lager in der Chatham-Bucht aufgeschlagen hatten, fanden die Schatzjäger in einer Höhe von 260 Metern tatsächlich einen schmalen Erdspalt, das Tor zu eine kühlen, modrig riechenden Höhle. Doch der Schein ihrer Taschenlampen erhellte keinen Goldschatz, sondern zwei Skelette. Voller Entsetzen wollten sie fluchtartig den unheimlichen Ort verlassen, als sie der Koffer oder Kisten gewahr wurden, die neben den Skeletten standen. Die Neugier – oder Gier – verdrängte die Abscheu und ließ die Abenteurer die Koffer der Toten öffnen: alles voller Gold, spanischer Dukaten und Goldbarren! Die Schatzsucher nahmen die Schätze an sich und verließen die Insel so heimlich, wie sie gekommen waren. Danach verlief die Spur der Franzosen im Sande.

Peter Disch-Lauxmann war dieser Geschichte und der des französischen Wissenschaftlers nachgegangen und hatte herausgefunden, dass es sich in Wahrheit um ein und dieselbe Expedition gehandelt haben musste: Die Skelette waren die Leichen von Vergnes' verschwundenen Freunden, die er im Streit um den Schatz umgebracht hatte. Lauxmann hatte die Geschichte von einem alten Seemann in Puntarenas, der später angeblich Vergnes auf seiner Jacht zurück zur Insel gebracht hatte. Zum Beweis zeigte er Lauxmann die Golddublonen, die er als Honorar erhalten hatte.

Ich saß auf dem Felsen und fantasierte, dass ich auf dem einstigen Tor zur Schatzhöhle saß, in der sich vermutlich immer noch zwei Skelette befanden. Die Vorstellung ließ mich schaudern, wurde aber von dem Gedanken, mich vielleicht auch in der Nähe des größten Piratenschatzes aller Zeiten zu befinden, völlig in den Schatten gestellt. Ich hatte das Gefühl, der Lösung zum Greifen nahe zu sein, und versuchte, Weston zu überreden, den Steilhang zu bezwingen und nach der Höhle zu suchen. Er schüttelte den Kopf. Es war unmöglich, von hier aus den glitschigen Abhang hinaufzuklettern und weiter den Berg zu besteigen. Obwohl meine Mission auf der Insel doch eine ganz andere war – ich wollte schließlich über die Natur, die Tiere und Pflanzen berichten –, verspürte ich einen heftigen Stich, diese Chance nicht ergreifen zu können.

In den folgenden Tagen versuchte ich, vorerst nicht weiter an den Schatz zu denken, und widmete mich ganz meiner eigentlichen Aufgabe. Ohne Golddukaten vor meinem geistigen Auge war ich endlich sensibel genug, die Schönheiten der Natur an mich heranzulassen. Nichts, was ich bisher gesehen hatte und was ich später in aller Welt noch sehen sollte, ist vergleichbar mit der unberührten Wildnis dieser Insel. Ich folgte allen Pfaden, die den Besuchern offenstanden. Einige führten weit ins Inselinnere, bis hinauf auf den über 600 Meter hohen Cerro Iglesias, auf Deutsch Kirchberg. Kirchberg, Kirchenschatz? Gab es einen Zusammenhang?

Ich vertrieb diesen Gedanken und lenkte meine Aufmerksamkeit wieder auf die Natur. Unweit der Buchten hatte August Gissler deutliche Spuren hinterlassen: Kakaopflanzen, Kaffee, Tabak, Bananen und leider auch eingeschleppte Gräser, Wildschweine, anderes Wild und Ratten. Auf den ersten Blick sah alles nach purer Wildnis aus, doch zwischen Ranken und Farnen konnte ich eindeutig Kulturpflanzen erkennen. Eine Kakaofrucht hing an einem von Schlingpflanzen überwucherten Strauch, unweit davon roch ich den süßlichen Duft von Kaffeeblüten. Nahe beim Fluss entdeckte ich vereinzelte verwilderte Bananenstauden. Ich stellte mir vor, wie August Gissler und die deutschen Siedler gegen diesen Dschungel mit bloßen Händen und vielleicht Macheten gekämpft hatten, um eine halbwegs passable Ernte einzufahren.

Einige Meter weiter war der Weg frei von jeglichem Bewuchs, in tiefen Senken sammelte sich das Wasser zu schlammigen Pfützen. Wildschweine hatten den roten, lehmigen Urwaldboden freigelegt und sich eine Suhle gewühlt. Gegen diese eingeschleppten Tierarten schien auch der Dschungel machtlos. Die trampelnden Horden ließen den Boden erodieren und verursachten großflächige Erdrutsche.

Wenige Hundert Meter hinter den Rangerhütten, dem einstigen Lagerplatz der Piraten und späteren Ort der deutschen Siedler, waren die Spuren der Zivilisation fast völlig verschwunden, bis auf die Wildschweinspuren, die über die ganze Insel führten, wie mir die resignierten Ranger erklärten. Würden vielleicht die Wildschweine den Schatz oder die Schatzhöhle eines Tages freilegen? Es war mir fast völlig unmöglich geworden, den Schatz aus meinen Gedanken zu vertreiben.

Ich versuchte, mich auf den Zauberwald, wie ich ihn nannte, zu konzentrieren. So hatte ich mir jedenfalls einen Märchenwald oder Zauberwald immer vorgestellt: Farne, Bromelien und Moose schienen in der feuchten Luft jeden freien Quadratmillimeter zu erobern. Selbst von Ästen und Baumstämmen ließen diese Aufsitzerpflanzen keinen Millimeter frei. In einer Höhe von nicht mehr als 400 Metern hatte sich der Tieflandregenwald in einen Nebelwald verwandelt, der auf dem Festland höchstens bei 1000 Metern zu finden ist. Ein sanfter Dunstschleier hatte sich um die dick gepolsterten Äste gelegt. Auf dieser entlegenen Insel schien der Cerro Iglesias, der Kirchberg, sämtliche Wolken abzufangen und sie um sich herum wie Untertanen zu verteilen.

Wobei ich kaum glauben konnte, dass ich noch nicht weiter gestiegen war als 400 Höhenmeter. Der Schweiß rann mir aus allen Poren; ich hatte das Gefühl, einen tropischen Mount Everest zu besteigen. Die Luftfeuchtigkeit schien höher als in einer Dampfsauna. Die Rufe der Brauntölpel, die über mir ihre Kreise zogen, schienen meine Unbeholfenheit zu verhöhnen.

Es war mir unverständlich, wieso der australische Kontinent und zahlreiche kleine Inseln, auf denen es von giftigen Schlangen und anderen gefährlichen Tieren wimmelt, schon vor Jahrtausenden besiedelt worden waren, während auf diesem paradiesischen Eiland, das völlig frei von tödlich giftigem Getier war, niemals jemand heimisch wurde, es keine Anzeichen für Ureinwohner gab. Weshalb sich später niemand auf der von Piraten heimgesuchten

Insel niedergelassen hatte, war mir inzwischen klar, aber warum hatte es keine Ureinwohner gegeben? Später erfuhr ich, dass dies keine gesicherte Erkenntnis war.

Für die zivilisierte Welt war der jetzige Zustand der Insel ein Geschenk: unberührter Urwald, umgeben von Flüssen, Wasserfällen und Lagunen, gesäumt von Buchten, Stränden und Felsen. Meterhohe Farne türmten sich über mir auf, sodass ich mir klein und unbedeutend vorkam. So mussten die Wälder vor 50 Millionen Jahren auch bei uns ausgesehen haben.

Ich war völlig in Gedanken versunken, als sich plötzlich etwas Reptilienartiges auf mich stürzte. Ich schrie laut auf und schlug wild um mich. Es war tatsächlich ein Reptil, das auf mich gefallen war: eine winzig kleine Anolis, eine Echse, die jetzt ängstlich am Stamm eines Baumfarnes saß und gockelgleich ihren orangeroten Kehlsack aufblies. Meine panische Reaktion war mir ziemlich peinlich, und doch waren es Momente wie dieser, die *Jurassic Park* lebendig werden ließen.

Das Ziel des nächsten Tages führte mich auf direktem Weg wieder zurück zu meinen Überlegungen hinsichtlich des Schatzes: die Bahia Iglesias am Fuße des Cerro Iglesias, im Süden der Insel. Eine Bucht wie aus dem Bilderbuch, die perfekter für ein Schatzversteck und ein Piratenlager nicht sein konnte. Der Strand war gesäumt von Kokospalmen, denen ein ganzer Hain auf einer perfekten, flachen Ebene folgte. 200 bis 300 Meter landeinwärts ergoss sich ein gigantischer Wasserfall ins Tal, der schon über mehrere Kilometer Entfernung vom Meer aus zu sehen war. Die Kaskade entlud sich in ein herrlich großes Becken, das zum Schwimmen einlud, verließ die Insel schließlich durch ein gewundenes Flussbett und ergoss sich ins Meer. Das Flussufer war flach, sandig und gut begehbar. Steile, von Farnen und Moosen überwucherte Felswände begrenzten das liebliche Tal und spendeten wohltuenden Schatten. Überall zwischen den Moosen konnten verborgene Höhleneingänge liegen. Selbst der sandige Boden weit hinter der Küstenlinie würde ein ideales Schatzversteck abgeben.

Es gab nur ein einziges Problem mit diesem Paradies: Es war so gut wie nicht zu erreichen. Als wir am folgenden Tag mit dem Zodiac die *Okeanos* verließen, brachen sich riesige Wellen an der steinigen Bucht, die von Weitem so sanft ausgesehen hatte. Obwohl ich mich auf die komplizierte Landung konzentrierte, entging mir nicht, dass der riesige, aus weiter Ferne gut sichtbare Wasserfall plötzlich verschwunden war, als wir uns näherten. Ich sollte mich später noch an diese Tatsache erinnern, doch die Wucht der Wellen, die mich fast aus dem Schlauchboot schleuderten, verdrängte alle Gedanken bis auf einen einzigen aus meinem Kopf: Wie sollte ich jemals heil an diesen Strand gelangen?

Es war das zweite Mal auf dieser Reise, dass ich den Mut aufbrachte, in den vor Haien wimmelnden Ozean einzutauchen. Zwar zeugten die allabendlichen Filmvorführungen von der Friedfertigkeit dieser Meerestiere, doch über ihre Einstellung zu Schwimmern hatte ich noch immer nichts herausfinden können. Aber es half alles nichts, unser Boot konnte unmöglich an dieser wilden Bucht anlanden. Mir blieb also nichts anderes übrig, als in das kühle Nass zu springen. Nach einer kurzen Strecke erreichte ich unbeschadet den felsigen Strand.

Nachdem ich mich ein wenig erholt hatte, folgte ich Weston und den anderen den Fluss entlang. Das Wasser war inzwischen deutlich gestiegen, und ich hatte das Gefühl, in die falsche Richtung zu laufen, dem Strom des Wassers zu folgen statt ihm entgegenzugehen. Ich wiederholte Westons Worte vom Vortag: »Der Fluss, der in die falsche Richtung fließt.« Außerdem kam mir in diesem Zusammenhang plötzlich eine weitere rätselhafte Bemerkung in den Sinn, die Christopher bei unserer ersten Begegnung wie bei-

läufig fallen gelassen hatte: »Der Wasserfall, der verschwindet.«
Auch diese Worte sprach ich laut aus. Weston nickte anerkennend,
doch mehr war an dieser Stelle nicht aus ihm herauszubekommen.
Diesmal schien auch er darüber zu sinnieren, wo der Schatz versteckt sein könnte. Er versicherte mir aber glaubhaft, von dieser
Bucht keine einzige Schatzkarte zu besitzen und bei keiner seiner
Expeditionen hier gesucht zu haben. Und keiner der angeblich erfolgreichen Schatzjäger habe diese Bucht der Hoffnung auch nur
erwähnt.
»Aber du hast recht, es gibt ein paar Hinweise darauf, dass hier
der richtige Ort sein könnte.« Mehr wollte der Schatzexperte nicht
verraten. Wortlos folgten wir dem geschwungenen Flusslauf, ein
Spaziergang im Vergleich zu dem mühsamen Weg durch den Fluss
in der Chatham-Bucht. Die Uferböschung war flach und sandig,
aber fest genug, um bequem darauf zu laufen. Büsche, Bäume und
Kokospalmen standen weit genug auseinander, um ohne Behinde-
rung passieren zu können. Nach einer guten Viertelstunde erreichten wir den riesigen Wasserfall, der sich in ein herrliches Frisch-
wasserbecken ergoss, aus dem sich der Fluss seinen Weg zum Meer
bahnte. Der Kokoshain erstreckte sich über die ganze Bucht, die
von steilen Felswänden gesäumt war, die am Wasserfall zusammen-
liefen. Wir befanden uns in einem schattigen Talkessel, der angenehme Kühle und Schutz vor der tropischen Mittagshitze bot. Die
Felswände waren zum großen Teil von Lianen und anderen Hän-
gepflanzen bedeckt, die wie ein Vorhang den Stein dahinter verbargen. Oder verbargen sie noch etwas anderes? Hatte der vieldis-
kutierte John Keating mit dem K, das er in Stein gemeißelt hatte,
vielleicht alle in die Irre führen wollen?
Diese Frage schoss mir durch den Kopf, als ich mich in die wun-
derbar kühlen Fluten des klaren Süßwasserbeckens stürzte. Ich
musste mehr über den ersten Mann erfahren, der angeblich den

Kirchenschatz von Lima gefunden hatte. Und das hieß, dass meine Schatzsuche längst nicht zu Ende war. Denn Antworten würde ich nur dort bekommen, wo Keating gelebt hatte – und von wo aus er zur Kokosinsel aufgebrochen war: in Neufundland.

Die Neufundland-Connection – William Thompsons und John Keatings Schicksal

Neufundland, August 2004

Es sollten einige Jahre vergehen, bis ich die Spur nach Neufundland verfolgen konnte. Ich beschäftigte mich weiterhin mit allen gängigen Versionen des Mythos vom Kirchenschatz von Lima – und je mehr ich dazu recherchierte, desto mehr Fragen und Widersprüche taten sich auf.

Alle Versionen ähnelten einander. Die Größe des Schatzes variierte zwar ein wenig in den Überlieferungen, ebenso andere Details des Handlungsstranges, aber im Grunde liefen alle Geschichten darauf hinaus, dass Thompson in den Wirren des Unabhängigkeitskrieges einen gigantischen Goldschatz geraubt hatte, der in die Heimat seiner spanischen Auftraggeber gebracht werden sollte. Letztendlich sollten er und seine Mannschaft den Schatz mit elf Langbooten auf die Kokosinsel gebracht haben. Meuterei, Mord und Totschlag gehörten ebenfalls zu jeder Variante der Geschichte. Und immer wieder gab es Parallelen zu Stevensons *Schatzinsel*.

Zusammengefasst lautet der Anfang von Robert Louis Stevensons Roman etwa so:

119

In einer stürmischen Herbstnacht blieb einer der Gäste im englischen Wirtshaus Admiral Benbow länger als alle anderen: William »Bill« Bones, genannt Captain. Volltrunken quartierte er sich in einem der Gästezimmer ein und versprach als Lohn ein Vielfaches von dem, was er schuldig war. Die frisch verwitwete Wirtin und ihr Sohn Jim Hawkins waren machtlos gegen diesen Haudegen. Bones blieb und erzählte im Suff von Schätzen, Piraten und Gefahren – die dann auch nicht lange ausblieben. Dunkle Gestalten verfolgten den Captain, der allerdings tot zusammenbrach, bevor ihn seine Verfolger stellen konnten. Captain William hinterließ in einer Truhe eine Schatzkarte, die der junge Hawkins fand.

Und so lautet zusammengefasst der Anfang der angeblich wahren Geschichte von John Keatings Schatzjagd – und das Ende der Geschichte von William Thompson, dem Piraten, der den großen Schatz von Lima raubte und auf der Kokosinsel versteckte:

In einer stürmischen Herbstnacht im Jahr 1840 blieb ein Gast länger als alle anderen im neufundländischen Gasthaus von Elisabeth Keating: Captain William Thompson. Der Seebär quartierte sich in einem der Gästezimmer ein und versprach den armen Wirtsleuten ein Vielfaches von dem, was er ihnen schuldig war. Die Angst vor Verfolgern war dem Captain deutlich anzumerken. Von einer Lungenentzündung gebeutelt, starb er nur wenige Wochen nach seiner Ankunft in Neufundland. Doch zuvor verriet er seinen Gastgebern das Geheimnis der Schatzinsel. Nach seinem Tod fanden die Keatings in seinem spärlichen Nachlass eine Karte, Dublonen und weitere Unterlagen, die zu einem riesigen Goldschatz führen sollten.

Das Geschehen ereignete sich zehn Jahre, bevor Robert Louis Stevenson das Licht der Welt erblickte, und fünfzig Jahre, bevor er seinen ersten Erfolgsroman *Die Schatzinsel* schrieb. Zufall? Wohl kaum.

John Keating hatte seine Geschichte genau so in Zeitungen, Briefen und seinem Nachlass verbreitet. Ob diese Version der Wahrheit entsprach, konnte ich nur vor Ort erfahren. 2004 beschloss ich, meinen viele Jahre zuvor gefassten Plan, der Sache in Neufundland auf den Grund zu gehen, endlich in die Tat umzusetzen. Ich war sicher: Wenn es den Piraten William Thompson tatsächlich gegeben hatte und er nach St. John's geflohen war, dann musste die Geschichte dort nicht nur bekannt, sondern auch belegbar sein. Durch Zufall war mir das Buch *Untold Stories: Mysteries of Newfoundland and Labrador* in die Hände gefallen, und ich fand darin ein kleines Kapitel über Captain Thompson, John Keating und den Limaschatz. Dieses kleine Taschenbuch war der Auslöser, endlich meinen lang gefassten Plan wahr werden zu lassen, und ich schrieb umgehend an den Autor des Buches, Jack Fitzgerald. Dieser war fasziniert von der Geschichte und machte sich nach meinem Brief sofort an die Arbeit, Antworten auf meine Fragen zu finden. Auch auf einen weiteren mir inzwischen wohlbekannten Namen stieß ich bei meinen Recherchen, der eine Verbindung zwischen der Kokosinsel und Neufundland offenbarte: Lord Thomas Cochrane, 10. Earl of Dundonald.

Nicht Lord, sondern Sir Thomas Cochrane war auch der Name des Gouverneurs, der in der Zeit, als Thompson in den Hafen von St. John's einlief, die Geschicke Neufundlands lenkte. Der neufundländische Gouverneur war ein Cousin des berühmten Seewolfs, der die Blockade im Jahr 1821 vor Callao angeführt hatte, die Captain Thompson mit der *Mary Dear* und dem Kirchenschatz von Lima auf wundersame Weise passiert hatte. Oder auch nicht: Einigen Unterlagen zufolge hieß es, Lord Cochrane habe im Jahr 1821 einen gigantischen Goldschatz beschlagnahmt. War das der große Schatz von Lima gewesen? Hatten Thompson und Cochrane den Schatz gemeinsam auf der Insel versteckt?

Ich beschloss, Biografie und Tagebuch des Seewolfs noch einmal genauer unter die Lupe zu nehmen und Fitzgerald mit der Fragestellung zu konfrontieren.

Wenige Wochen später saß ich mit einem ganzen Fragenkatalog in der Hand im Flugzeug auf dem Weg nach Neufundland. Davon, dass der Weg nach St. John's einst die kürzeste und schnellste Verbindung zwischen Nordamerika und Europa gewesen war, war nichts mehr zu spüren. Die Strecke führte zunächst an Neufundland vorbei nach Toronto und nach endlosem Aufenthalt wieder ein Stück zurück nach Neufundland. Der einst strategische Hafen spielte im Weltgeschehen keine Rolle mehr. Zu Thompsons Zeiten war das allerdings anders, St. John's war damals das Tor der Neuen Welt zu Europa. Hier war auch der End- beziehungsweise Ausgangspunkt der ersten transatlantischen Telefonverbindung und des ersten transatlantischen Fluges. Heute liegt die Hafenstadt am äußersten Zipfel der Zivilisation, und ihre größten Attraktionen sind die Wale und Eisberge, die im Sommer vorbeischwimmen.

Nach einem viel zu langen Flug begrüßte mich ein gut gelaunter Jack Fitzgerald, aus dem die Informationen über Thompson und Keating nur so heraussprudelten. Fitzgerald war eindeutig infiziert. Obwohl er nie einen Fuß auf die Insel gesetzt hatte, hatte ihn das Kokosfieber genauso gepackt wie mich. Nachdem ich ihm Wochen zuvor meine Fragen geschickt hatte, schien er jede freie Minute in Archiven, Museen und auf Friedhöfen verbracht zu haben.

Fitzgerald hatte herausgefunden, dass die zahlreichen neufundländischen Personen, die sich auf die Suche nach dem großen Schatz von Lima begeben haben sollten, tatsächlich existiert hatten. Die Überreste der meisten Beteiligten lagen ziemlich dicht beieinander auf dem Friedhof von St. John's. Um Geschichten und Berichte zu überprüfen, hatte Fitzgerald die glaubwürdigsten Primärquellen gewälzt: Schiffsmeldungen, Sterbe- und Geburtsurkunden.

Eine unendlich mühsame Arbeit, die Wochen gedauert, aber einige erstaunliche Ergebnisse zutage gefördert hatte. Fitzgerald war selbst überrascht über die vielen neufundländischen Spuren, die über fast 20 000 Seemeilen von der entlegenen Insel im Nordatlantik zur sagenumwobenen Insel im Pazifik führten. Kein Jahr später veröffentlichte er die Ergebnisse der aufwendigen Recherchen in seinem Buch *Treasure Island Revisited*. Mit einer tatsächlichen Expedition zur Kokosinsel hat es bei Jack Fitzgerald bis heute nicht geklappt – sein Arzt hat ihm die anstrengende Tour verboten. Als ich nach St. John's kam, hatte Fitzgerald einen großen Teil der Recherchen bereits abgeschlossen; er musste direkt nach unserem ersten Kontakt mit der Arbeit angefangen haben. Inzwischen hatte er für die fragliche Zeit der Unabhängigkeitsbewegung Südamerikas (vor allem für das Jahr 1821), der mutmaßlichen Ankunft von Thompson in Neufundland 1840 und Keatings Schatzjagd 1841 Seite für Seite, Tag für Tag die Eintragungen der Schiffsmeldungen von St. John's und des Lloyds-Registers studiert, hatte im Stadt- und im Marinearchiv geforscht.

Gemeinsam wollten wir die Personalien von Keating und Thompson noch einmal unter die Lupe nehmen, ebenso von Bennett Graham und Benito Bonito alias Dom Pedro. Und wieder führten Spuren zu Robert Louis Stevenson: Forbes – Thompsons Maat – und Thompson selbst waren Schotten, vermutlich aus Edinburgh, der Stadt, in der Robert Louis Stevenson dreißig Jahre nach dem Raub des Limaschatzes und nur wenige Jahre nach Keatings erster Expedition als Sohn eines Leuchtturmbauers das Licht der Welt erblicken sollte.

Im Stadtarchiv fanden wir Anschrift, Geburts- und Sterbeurkunde von John Keating. Das monumentale Gebäude stand gegenüber dem Gouverneurspalast, einem Prachtbau aus den 1830er Jahren, der bis heute fast unverändert das Stadtbild von St. John's prägte. Gebaut unter Sir Thomas Cochrane, dem Cousin des berühmten Seewolfs Lord Thomas Cochrane, 10. Earl of Dundonald. Die beiden Thomas Cochranes waren mehr als nur Cousins, der Seewolf wuchs in der Familie seines Namensvetters auf. Später ging er zur Marine und kämpfte erfolgreich gegen Napoleon. Nachdem er aufgrund einer Verurteilung wegen Börsenmanipulationen eine einjährige Haftstrafe abgesessen hatte, ging er nach Südamerika, wo er für die Unabhängigkeit und gegen die Spanier kämpfte. Da Cochrane zur damaligen Zeit wahrscheinlich der beste Admiral auf See war, vergaß auch die englische Krone irgendwann den kleinen Fauxpas mit dem Aktienschwindel und nahm ihn mit offenen Armen wieder auf. Als Thompson nach Neufundland kam, war der Seewolf längst rehabilitiert und Vize-Admiral der Royal Navy von Nordamerika, außerdem Chef-Kommandeur der Armee. In dieser Funktion musste er häufig zu dem strategisch wichtigen Stützpunkt St. John's. Möglicherweise hatte Cochrane seinem Cousin sogar zum Gouverneursposten verholfen, im Zweifelsfall nicht uneigennützig.

Eintragungen des Lloyds-Schiffsregisters zufolge hatte er zuvor im Namen der Freiheitsbewegung große Reichtümer durch Zölle und Beschlagnahmungen erlangt; er war eine Art Freibeuter im Namen der Freiheitskämpfer gewesen. Dom Pedro – nicht der mit dem blutigen Schwert, sondern der erste Kaiser von Brasilien – hatte ihn damals zum Marquis von Maranhao ernannt. In dieser dunklen Zeit hatte der Lord ein sicheres Versteck für all seine erbeuteten Reichtümer gebraucht. Die Schatzinsel? Dort hatte er sich jedenfalls mehrmals aufgehalten.

Nach seiner Rehabilitation waren andere Orte wahrscheinlich sicherer: zum Beispiel Neufundland? Hatte er beim Bau des Palastes, der noch heute einer luxuriösen Festung gleicht und fast das einzige Gebäude aus jener Zeit ist, die Finger im Spiel gehabt? Gebaut wurde der Palast zwar von seinem Cousin, die Familie galt jedoch als finanziell ruiniert. Hatte der Seewolf den englischen Außenposten in Person seines Cousins großzügig beim Bau des Gouverneurspalastes unterstützt und sich damit gleichzeitig ein sicheres Versteck für seine Schätze geschaffen?

In seinem Tagebuch aus dem Jahr 1822 taucht eine Notiz auf, die besagt, dass er auf der Kokosinsel Piraten begegnet sei. War Thompson Cochranes Pirat? Oder war es Bennett Graham – oder Dom Pedro mit dem blutigen Schwert? Bennett Graham kannte der Earl of Dundonald auf jeden Fall, er hatte gemeinsam mit ihm unter Lord Nelson gegen Napoleon gekämpft. Graham wurde Pirat und Cochrane Freibeuter. Beide waren geächtet, aber nur Cochrane wurde rehabilitiert, Graham wurde angeblich vorher von den Spaniern überwältigt.

Cochrane unterstützte bereits die Unabhängigkeitsbewegung in Südamerika, als Graham noch als treuer Offizier mit der *HMS Devonshire* nach Südamerika auslief. Doch statt ihre Mission zu erfüllen, wurden er und seine Mannschaft zu Piraten, kaum dass sie das Kap Hoorn umrundet hatten. Was hatte den als pflichtbewussten Diener der englischen Krone beschriebenen Graham veranlasst, die Seite zu wechseln? Etwa eine von Cochranes aufwühlenden Ansprachen, wie sie dessen Autobiografie zu entnehmen sind?

»Offiziere und Seemänner,

heute Nacht versetzen wir dem Feind einen tödlichen Stoß. Morgen werdet Ihr Euch stolz in Callao zeigen, und all Eure Kameraden werden Euch beglückwünschen. Eine einzige Stunde Entschlossenheit und Tapferkeit wird von Euch gefordert und wird zum Triumph führen. Denkt daran, dass Ihr Valdivia erobert habt. Keine Angst vor denen, die vor Euch geflohen sind.

Die Schätze aller Schiffe, die Ihr in Callao kapern werdet, gehören Euch, und derselbe Wert an Geld wird noch mal an Euch verteilt werden. Das ist das Geld, das die Spanier in Lima ihren Männern, die unsere Schiffe erobern, versprochen haben. Der Moment des Sieges liegt vor uns, und ich hoffe, dass die Chilenen kämpfen, wie sie es gewohnt sind, und dass die Engländer so handeln, wie sie es immer getan haben – zu Hause und überall auf der Welt.«

Waren es diese Worte des Seewolfs, die Graham nachhaltig beeindruckt hatten? Cochranes Argumente waren sehr überzeugend: im Namen der Freiheit kämpfen und rauben und dabei auch noch reich werden. Die Spanier zu plündern war in diesen Tagen kein Akt der Piraterie, sondern strategische Kriegsführung. Kein Seeräuber, der ausschließlich spanische Schiffe angriff und plünderte, wurde von den neuen unabhängigen Staaten Südamerikas geächtet, ebenso wenig wie von den Engländern. Lord Cochrane hatte allerdings seine eigenen Spielregeln und verlangte von allen Schiffen, welche die Seeblockade passieren wollten, hohen Zoll, wie etwa aus der Zeitung *Lloyd's List* vom 23. Oktober 1821 deutlich wird: »... Am 18. Juni war Lord Cochrane in der Bucht von Ylo und verlangte Zoll von allen Schiffen, die an der Küste Handel trieben. Seine Rate betrug 18 Prozent, hinzu kamen 3,5 Prozent für alle, die ihre Güter am Hafen ausluden ...«

Jack Fitzgerald sollte dazu später noch weitere interessante Entdeckungen machen. Im Stadtarchiv konnten wir jedoch zunächst John Keating eindeutig identifizieren. Der Schiffsbauer erblickte im Jahr 1808 in Harbour Grace, Neufundland, das Licht der Welt, als Sohn von William und Mary Keating, geborene Connors. 1831 heiratete John Keating zum ersten Mal, seine einzige Tochter starb noch vor seiner Frau Elisabeth, die er im Juni 1855 beerdigen musste. Im Alter von 63 Jahren heiratete er erneut, wieder eine Elisabeth. Damals war er in Neufundland schon als »Keating of Cocos Island« bekannt.

Seine Todesanzeige vom August 1882 fand Fitzgerald im Archiv der *Newfoundland Gazette*. Es war das Jahr, in dem Robert Louis Stevenson seinen Roman *Die Schatzinsel* fertigstellte. Hatte Keatings Nachlass dem Schriftsteller eine neue Inspiration gegeben? In seiner Heimatstadt Edinburgh hatte Stevenson erst die Hälfte seines Abenteuerromans verfasst, als ihn erneut seine Lungenkrankheit überwältigte. Im Kurort Davos fand er zu seiner Kreativität zurück – und genau in dieser Zeit lüftete Schatzjäger Keating sein Geheimnis, und Robert Louis Stevenson taufte seinen Hund in Boagy um. Mir wurde langsam klar, dass ich auch Robert Louis Stevensons Geheimnisse vor Ort in Kalifornien, Schottland und der Schweiz recherchieren musste.

Denn der Neufundländer William Boag war Kapitän und Schiffseigner der *Edgecombe,* die am 25. Januar 1841 den Hafen von St. John's verließ, Ziel: die Kokosinsel. William Thompson war nicht mehr mit von der Partie. Mit einem Stapel von Archivkopien setzte ich mich an den Hafen und sinnierte über das abrupte Ende des Piraten und die Rolle des neufundländischen Schatzjägers Keating:

Die Nachricht traf William Thompson wie ein Schlag. Fast zwanzig Jahre hatte er in jedem Hafen Südamerikas nach ihr gesucht.

Der Seewolf war inzwischen unter dem brasilianischen Kaiser Dom Pedro I. zum Marquis von Maranhão ernannt worden. War Benito, den alle in den letzten Jahren Dom Pedro mit dem blutigen Schwert nannten, gar nicht tot? War sein Selbstmord am Ende nur ein Gerücht? Hatte der alte Pirat es gar zum Kaiser des neuen unabhängigen Staates Brasilien gebracht? Denkbar wäre es. Benito kam aus allerbestem Haus und hatte sich schon immer als Rächer der Entrechteten gefühlt. Nur der Rum hatte ihn zum Monster werden lassen. Eine Antwort auf seine Frage würde Thompson so schnell nicht bekommen, der Kaiser würde ihm wohl kaum eine Audienz gewähren. Für Thompson zählte vor allem, dass er selbst unter den Flaggen der neuen Staaten weitgehend unbehelligt den Südpazifik kreuzen konnte. Mit Cochrane hatte er sich wohl oder übel arrangiert, und ihm hatte er es schließlich zu verdanken, dass er in den brasilianischen Häfen willkommen war.

Es war nur eine kleine Randnotiz in einer Zeitung, die Thompson zufällig in die Hände gefallen war. Wie so oft saß er in einer dunklen Ecke seiner Stammkneipe im Hafen von Rio, als er die in winzigen Lettern gedruckten Namen der Strafgefangenen in Tasmanien las. Er hatte die Zeilen überflogen, in der Hoffnung, den einen oder anderen bekannten Namen zu finden, weil vielleicht doch nicht alle Mitglieder seiner verschollenen Mannschaft umgekommen waren. Doch was hier stand, konnte nicht wahr sein. Aber die schwarzen Buchstaben täuschten nicht: Mary Welch gehörte zu den englischen Strafgefangenen in Tasmanien.

In Zeitlupe ließ Thompson das vergilbte Papier sinken. In all den Jahren der Suche nach Mary wäre er nie auf die Idee gekommen, dass sie als Strafgefangene verschleppt worden sein könnte. Fieberhaft überlegte er, wie er seine Geliebte retten könnte. In Tasmanien würde er wahrscheinlich selbst im Strafgefangenenlager landen, lange bevor er Mary überhaupt gefunden hatte. Er wusste, es gab nur einen Weg, sie zu befreien: Cochrane. Der Seewolf war längst rehabilitiert und hatte Einfluss bei der englischen Krone. Thompson hatte genug gegen ihn in der Hand; Cochrane würde ihm den Gefallen kaum ausschlagen können, Marys Freilassung zu erwirken.

Der Seewolf selbst war kaum zu fassen, aber Thompson wusste, dass sein Cousin, der ebenfalls Thomas Cochrane hieß, Gouverneur von Neufundland war. Er war der Einzige, der ihm helfen konnte, Marys Freilassung durchzusetzen. Thompson wusste mehr als genug über Cochrane und seine feine Familie, was wohl kaum für die Öffentlichkeit bestimmt war. Er beschloss, sofort auf einem Walfänger mit dem Ziel St. John's, Neufundland, anzuheuern.

Thompson fand noch am selben Tag ein Schiff, das ihn nach Kuba brachte. Im Hafen Matanzas traf er auf den Neufundländer John Keating und die restliche Mannschaft der *Mercury*. Die *Mercury* war zwar kein Walfänger, hatte aber das direkte Ziel St. John's. Das Schiff befand sich auf einer Testfahrt, und ein Besatzungsmitglied war auf der Überfahrt nach Kuba gestorben. Es war einfacher, als Thompson es sich vorgestellt hatte. Er konnte vollkommen unauffällig als Teil der *Mercury*-Besatzung in St. John's einlaufen, der Rest würde sich schon ergeben.

Einige Wochen später kam Thompson im Hafen von St. John's an. Er hatte während der Überfahrt nicht nur seinen Posten vorbildlich erfüllt, sondern auch die Gelegenheit genutzt, sich über die aktuelle Situation in Neufundland zu informieren und um eine Unterkunft zu bemühen. Es stellte sich heraus, dass die Frau des Schiffsbauers Keating ein kleines Gasthaus in St. John's betrieb, in dem er sich einmieten konnte. Allerdings wurde Thompson klar, dass er bald Geld brauchen würde. Er war zu überstürzt aufgebrochen und hatte nur noch ein paar Golddublonen in der Tasche.

Also erzählte er Keating von dem Schatz, und sie setzten einen Vertrag für die gemeinsame Suche auf. Keating brachte ihn im Gegenzug mit Sir Thomas Cochrane zusammen. Außerdem versprach Keating, noch andere einflussreiche Leute zu kontaktieren, die Marys Freilassung erwirken konnten. Schnell hatte Keating auch einen Schiffseigner und Kapitän für ihre Expedition gefunden: Captain William Boag. Thompson mochte Boag, er schien ein ehrlicher Geschäftsmann und guter Kapitän zu sein. Er war es auch, der Thompson in die bessere Gesellschaft einführte. Einige Staatsmänner kannten Thompson noch von seiner Zeit in der Marine. Niemand nahm Anstoß daran, dass er sich dem Unabhängigkeitskrieg Südamerikas angeschlossen und gegen die Spanier gekämpft hatte, der Earl of Dundonald hatte schließlich nichts anderes getan. Und Thompson sah immer noch blendend aus. Vor allem in den neuen Beinkleidern, für die seine Golddublonen gerade noch gereicht hatten. Es war weder seine Absicht noch seine Schuld, dass die jungen Damen der Gesellschaft ihm zu Füßen lagen. Doch er wollte nur eines: Mary befreien. Täglich fragte er im Gouverneurspalast, ob es Nachrichten aus Tasmanien gebe.

Als Thompson eines Abends ins Gasthaus kam, hatte er gerade die Nachricht erhalten, dass Mary freikommen würde. Keating und Boag saßen in der Stube und schmiedeten Pläne, als Thompson ungewohnt fröhlich den Raum betrat. Keating erriet sofort die gute Nachricht und nutzte die Situation, um Thompson zu überreden, das Geheimnis des Schatzverstecks endlich zu lüften. Thompson gab scheinbar nach, dachte aber nicht im Traum daran, alle für die Schatzsuche notwendigen Informationen zu offenbaren.

Er skizzierte die Umrisse der Insel auf einem Blatt und holte tief Luft, während er theatralisch auf die Zeichnung deutete:

»Du musst in den Nordosten der Insel. Folge dieser Küstenlinie, bis du einen Fluss findest. Folge dem Flusslauf, bis du den Himmel hinter dir und einen kleinen Einschnitt im Berg vor dir im Blick hast. Von nirgendwo sonst kannst du diesen Einschnitt sehen. Überquere dort den Fluss und gehe nach Norden, bis du einen Felsen siehst, der scheinbar glatt und rund geschliffen ist. In Schulterhöhe befindet sich ein Öffnungsmechanismus, der dich in die Höhle voller Gold und Juwelen führt.«

Keating war mit dieser wundersamen Beschreibung erst einmal zufriedengestellt, während Boag skeptisch die Augenbrauen hochzog. Thompson zwinkerte ihm zu und verschwand gut gelaunt in seinem Zimmer. Sturm und Regen peitschten gegen die Tür, erste

Schneeflocken mischten sich darunter. Boag überlegte gerade, ob er es noch nach Hause schaffen würde oder doch lieber eines der Gästezimmer beziehen sollte, als es heftig an der Tür klopfte. Keating öffnete sie einen Spaltbreit und registrierte nicht ohne Erstaunen, dass Uniformierte davor standen.

»Wir suchen nach dem Verbrecher William Thompson, er soll hier wohnen.« Heimkehrende Freibeuter waren der Krone nicht immer willkommen. Manche wussten zu viel, anderen wurde der Reichtum geneidet.

Keating wollte gerade den Mund öffnen, als Boag ihn energisch unterbrach: »Er ist in diese Richtung gelaufen. Ich habe es genau gesehen und mich gewundert, wo er bei diesem Wetter hinrennt. Ich habe mir gleich gedacht, dass da was nicht stimmt.« Er untermalte seine Worte, indem er in Richtung Inselinneres deutete. Sein Auftreten war so überzeugend, dass die Verfolger ohne Hausdurchsuchung verschwanden.

Thompson hatte dennoch keine Minute zu verlieren, jeden Moment konnten die Polizisten wieder vor der Tür stehen. Boag und Keating wollten ihm zur Flucht verhelfen. Sie verabredeten einen Treffpunkt in Bay Bulls, einer nur wenige Kilometer entfernten Bucht, in der sie Thompson mit der *Edgecombe* abholen würden.

Thompson griff nach seinem Mantel und verschwand durch die Hintertür in die kalte Nacht. Mindestens zwei Stunden würde er zu Fuß bis zum vereinbarten Treffpunkt brauchen, vielleicht auch drei. Dass dies die letzten drei Stunden seines Lebens sein sollten, ahnte er damals nicht.

Sein Tod war ein Unfall. So hätte es Keating jedenfalls erzählt, wenn die Leiche jemals gefunden und identifiziert worden wäre. Aber das Glück war in dieser Nacht auf der Seite des Täters und begrub die Leiche unter einer dicken Schneedecke, die erst im Frühjahr wieder auftauen sollte. Keating hatte Thompsons Tod nicht gewollt. Thompson hatte ihm die Karte und die übrigen Schatzunterlagen nicht ausgehändigt, als sie sich in Bay Bulls gegenüberstanden. Keating musste sie sich mit Gewalt holen. Im Gerangel fiel Thompson auf einen harten Stein. Dieser Sturz sollte ihn das Leben kosten. Auf den Angriff des vermeintlichen Freundes war er nicht vorbereitet gewesen. Im folgenden Frühjahr wurde die Leiche eines unbekannten Piraten in der Bucht gefunden und begraben. Es sollte nicht der letzte Tote in Keatings Umfeld sein.

Lange bevor Thompsons sterbliche Überreste gefunden wurden, stach die *Edgecombe* mit John Keating und William Boag, dessen Sohn William Boag jr. und einer nicht sehr vertrauenswürdigen Mannschaft in See, genauer am 25. Januar 1841. Die offizielle Mission lautete, eine Ladung Fisch nach Rio de Janeiro zu bringen. Doch die Schiffsmelderegister verzeichneten die Weiterfahrt der *Edgecombe,* mit einem zusätzlichen Captain namens Gault, um das Kap Horn herum und an den Falklandinseln vorbei bis zur Kokosinsel.

Thompsons Aufzeichnungen waren gut. Es dauerte nicht lange, bis Keating und Boag den Schatz gefunden hatten. Doch das Gold brachte auch die Gier. Gault war unvorsichtig geworden und hatte der gesamten Besatzung den Erfolg der eigentlich geheimen Aktion lauthals verkündet. Bis zu diesem Zeitpunkt war die Mannschaft davon ausgegangen, dass sie auf der Insel waren, um ihre Vorräte aufzufrischen. Als die Seemänner von dem Gold hörten, gerieten sie schier außer sich und forderten ihren Anteil. Den Schatzjägern blieb nichts anderes übrig, als das Schatzversteck geheim zu halten, nur einen kleinen Teil zu bergen, die Mannschaft mit ein paar Goldmünzen zu besänftigen und umzukehren.

In Panama wollten sie sich eine neue Mannschaft suchen, mit dem heiligen Schwur, diesmal die Mission völlig geheim zu halten. Damals war die Kokosinsel noch Niemandsland, und vielleicht hätte die Geschichte eine andere Wende genommen, wenn die Glücksritter den Schatz sofort gehoben hätten. Doch dazu sollte es nicht kommen. Während die *Edgecombe* in der Bucht von Panama City vor Anker lag, wollten Boag, sein Sohn, Keating und zwei weitere Seemänner von einem Landgang mit einem Beiboot zurück zum Schiff, als sie von einer riesigen Welle erfasst und ins Wasser geschleudert wurden. Boag jr. war ein guter Schwimmer und schwamm schnell zurück an Land; von dem weiteren Geschehen bekam er nichts mit.

Als der erste Maat den Schiffbrüchigen zu Hilfe kam, saß Keating wieder im Boot, die beiden anderen Mitglieder der Mannschaft ebenfalls – nur Boag fehlte. Keating erzählte eine wirre Geschichte von einem Unfall. Unterdessen hatte Boag jr. an Land ein Rettungsboot organisiert, um den Männern in Seenot zu helfen. Nachdem jedoch weder die Männer noch das Beiboot gesichtet werden konnten, steuerte die Rettungsmannschaft die *Edgecombe* an.

Dort erwartete den jungen Boag nicht nur die schreckliche Nachricht vom Verschwinden und mutmaßlichen Tod seines Vaters, sondern er musste auch feststellen, dass die Seemannskiste von Captain Boag aufgebrochen worden war und fast alles fehlte – inklusive der Schatzkarte, die sein Vater angefertigt hatte. Nur eine kleine Kiste mit 27 Goldnuggets war noch vorhanden. Für ihn gab es keinen Zweifel: Keating war der Mörder seines Vaters.

Am übernächsten Morgen wurde ein Arm von Captain Boag an Land gespült und später auf dem Friedhof von Panama City beerdigt. Ob Boag schon tot gewesen oder bei lebendigem Leib den Haien zum Opfer gefallen war, konnte nicht mehr geklärt werden. Boag jr. zeigte Keating als Mörder seines Vaters bei der örtlichen Polizei an. Wie nicht anders zu erwarten, verliefen die Ermittlungen im Sande und wurden sehr schnell eingestellt. Während Gault und Boag jr. auf die Ermittlungsergebnisse warteten, befand es Keating offensichtlich für sicherer, ihre Gesellschaft zu meiden: Er beschaffte sich zwei Esel und überquerte den schmalen Isthmus von Panama. Nach seiner Ankunft am Atlantik heuerte er auf einem Schiff an, mit dem er nach Neufundland zurückkehren konnte.

Fast vierzig Jahre nach dieser Tragödie und nur ein Jahr, bevor Robert Louis Stevenson nach Kalifornien reiste, um bald darauf die *Schatzinsel* zu Papier zu bringen, veröffentlichte Keating seine Erzählung der abenteuerlichen Schatzjagd.

»In Neufundland verkaufte ich das Gold für 1300 Pfund Sterling«, schrieb er darin. Dass er Boags Witwe inständig um Verzeihung gebeten und sogar die Schuld für den »Unfall« auf sich genommen hatte, erzählte die Witwe selbst ihren Kindern und Enkeln.

Gault und Boag jr. waren in Panama geblieben und hatten an dem ursprünglichen Plan festgehalten. Doch diesmal blieb die Schatzjagd erfolglos. Nur Boag und Keating kannten die genaue Lage des Schatzes, und die Unterlagen reichten einfach nicht aus, um das Geheimnis zu lüften und das Gold wiederzufinden. Nach einem Jahr erfolgloser Suche starb Gault an den Folgen eines Insektenstichs, ebenfalls in Panama. Seine sterblichen Überreste wurden neben Captain Boags Grab beigesetzt.

Diese Details veröffentlichte im Jahr 1906 der Polizeiinspektor von Neufundland, Henry Hutchings, in der Zeitung *The Newfoundland Quarterly*. Darin hieß es auch, dass er selbst Besitzer von zwei Goldnuggets gewesen sei, die bei dieser unglücklichen Schatzjagd erbeutet worden waren.

Polizeiinspektor Hutchings war niemand anderes als der Enkel von William Boag, dem Seekapitän, der auf so tragische Weise in Panama ums Leben kam. Boag jr. war der Bruder von Hutchings' Mutter. Der rege Briefwechsel zwischen den Geschwistern verriet mehr über die tragische Geschichte als alle Überlieferungen von Keating – der nie von dieser Schuld freigesprochen, aber auch nicht verurteilt werden konnte.

Fitzgerald stimmte mir zu, dass die Gräber der Schatzjäger vielleicht noch mehr über die Ereignisse von vor über 150 Jahren enthüllen könnten. Wir fanden schließlich die letzten Ruhestätten der Familien Keating, Hutchings und Boag ziemlich nahe beieinander auf dem Hauptfriedhof von St. John's. Die Inschriften auf den Grabsteinen ließen keinen Zweifel an ihrer Authentizität. Dieser Teil des Friedhofs war den wohlhabenden Bürgern von St. John's vorbehalten. Für John Keating ein ziemlicher Aufstieg, wenn man so etwas von einem Toten überhaupt sagen darf. Aber noch etwas anderes zog meine Aufmerksamkeit auf sich: Die gut lesbaren Grabsteine der Schatzjäger scharten sich förmlich um eine weitere nicht eingezäunte Totenstätte, die von einem umgedrehten Grabstein fast vollständig bedeckt war. Der Stein lag auf der Grabstätte beinahe wie eine geheime Tür in die Unterwelt. Ich erinnerte mich an weitere Geschichten, die sich um Keating rankten: Angeblich hatte er viel mehr Schätze nach Neufundland gebracht, als er behauptete – und sie vor allem mit ins Grab genommen.

Jack Fitzgerald bestätigte meine Vermutungen. Von seiner zweiten Expedition zur Kokosinsel sollte Keating noch mehr Gold zurück nach Neufundland gebracht haben. Er hatte zwischenzeitlich verlässliche Strukturen aufgebaut, um den historischen Fund in bare Münze umwandeln zu können. Einer seiner Vertriebswege führte übers Wasser auf das kanadische Festland. Einige spanische Dublonen aus dem Jahr 1820 konnte ich im Nationalmuseum von Neufundland finden. Unscheinbar, auf Jute gebettet, lagen sie in einer Vitrine zwischen anderen Fundstücken aus dem Wrack, das Mitte des 19. Jahrhunderts hier vor der Küste gesunken war. Es war das Postschiff *Falcon,* dessen Fährverbindung Keating häufig genutzt hatte.

Da stand ich nun, Tausende Kilometer von der Kokosinsel entfernt, vor den Überresten von Keatings Beute, vor einem winzig kleinen Teil des Kokosschatzes – oder besser der Kokosschätze. Fitzgerald befriedigte meine Neugier mit weiteren Informationen über Keating und seine Handelspartner in Nova Scotia.

»In seinem Abenteuerbericht, den er 1878 am Ende seines Lebenswegs verfasst hatte, berichtete Keating auch von seiner zweiten erfolgreichen Expedition zur Kokosinsel im Jahr 1846, bei der es ebenfalls zu einer Meuterei gekommen war. Wieder hatte die Mannschaft Wind von dem Schatz bekommen und forderte ihren Anteil, wieder hatte Keating Angst um sein Leben und versteckte sich diesmal auf der Kokosinsel, bis die meuternde Mannschaft verschwunden war. Auf einem Walfänger kehrte er heim nach Neufundland – diesmal um 2800 Pfund Sterling-Silber reicher. Ein Teil dieser Beute sank vermutlich mit der *Falcon* auf den Meeresgrund.

Im Jahr 1880, als Stevenson seinen Roman *Die Schatzinsel* begann, startete John Keating zu seiner letzten Expedition auf die Kokosinsel. Gemeinsam mit seinem Jugendfreund William Hackett brach der alte Seebär auf und hinterließ erneut eine Leiche. William Hackett kehrte von dieser Reise nie zurück, auch er starb auf der Jagd nach dem großen Schatz von Lima. Nur Keating erreichte wohlbehalten seine Heimat. Doch zwei Jahre später starb auch der berühmteste und erfolgreichste Schatzjäger Neufundlands.

Seine Witwe war wohl eher über das Testament erschüttert als über den Tod ihres Mannes. Nicht sie hatte die Unterlagen über den Schatz von der Kokosinsel geerbt, sondern verschiedene Geschäftspartner und Vertraute Keatings. Trotzdem gelang es der Witwe fünfzehn Jahre später, selbst eine Expedition zu organisieren. Gemeinsam mit William Hacketts Neffen Fred erreichte sie im Jahr 1897 mit dem Schoner *Aurora* die Kokosinsel.

Etwa zur gleichen Zeit konnte Nicholas Fitzgerald, wahrscheinlich ein Vorfahre von mir, einen Marine-Veteranen, Admiral Palliser, für die Schatzjagd begeistern. Er handelte mit ihm einen Vertrag aus, der ihm fünf Prozent eventueller Funde auf der Insel zusicherte – Nicholas selbst war zu krank für die Expedition. Es war bereits die zweite Schatzjagd, an der er nicht teilnahm. Keating wollte ihn schon 1880 auf seine letzte Expedition mitnehmen – aber Nicholas war ein vorsichtiger Mann, und er hatte von den mysteriösen Todesfällen in Keatings Umfeld gehört.

Diesen Brief von Nicholas Fitzgerald aus dem Jahr 1894 habe ich in den Archivunterlagen gefunden: ›... Wie auch immer, die Vereinbarung wurde nicht eingehalten, weil ich eine Familie hatte und glaubte, dass Captain Boag – der einzige Mann, der zu jener Zeit das Geheimnis von Keating kannte – auf sehr mysteriöse Weise verschwunden war ... Ich dachte daher, dass ich mein Leben riskieren würde, wenn ich mich ihm alleine ausliefern würde ...‹ Es waren Zeilen an einen Freund, dem er später noch mehr Details anvertraute, die schließlich zu der Schatzexpedition führten: ›... Nach Keatings Angaben ist die Höhle zwischen zwölf und fünfzehn Quadratmeter groß und hoch genug zum Stehen.‹

Die Beschreibungen des Schatzortes und der Ausmaße des Schatzes waren sehr überzeugend. Trotzdem blieb sowohl bei der Witwe Keatings als auch bei Admiral Palliser die Schatzsuche erfolglos. Das einzige Metall, dem sie sich gegenübersahen, war ein Gewehr: in den Händen von August Gissler, dem deutschen Gouverneur der costa-ricanischen Insel. Sie einigten sich auch mit ihm über die Schatzsuche, doch Keatings Unterlagen führten nur ins Dschungeldickicht.«

Fitzgerald schloss seinen Bericht, indem er mir einige Kopien der Archivunterlagen überreichte. Ich war beeindruckt von seinen Recherchen und konnte mich des Gefühls nicht erwehren, als hätte keiner Keating getraut und umgekehrt.

Es wurde Zeit, dass ich mich in Bay Bulls umsah. Die Temperaturen waren sommerlich heiß, und die Tage schienen nicht enden zu wollen. Niemand kann jemals vorhersagen, wie sich das Wetter in Neufundland entwickeln wird. Die frostige Kälte des Lawrence-Stroms und die wohlige Wärme des Golfstroms treffen fast unmittelbar vor der Insel aufeinander und veranstalten ihr eigenes Wetterprogramm. Doch jetzt war es warm und sonnig und einer der längsten Tage des Jahres. Kaum vorstellbar die dunklen Winternächte, in denen Wetterwechsel wie Wellenbrecher heranrollen und den Tod bringen konnten. Die meisten Straßen sind Schotterpisten und manchmal so einsam, dass ein plötzlicher Schneesturm einen Reisenden in der Einsamkeit Neufundlands völlig von der Zivilisation abschneiden kann.

Fitzgerald fuhr langsam über die Schotterpiste, auf der sich wahrscheinlich Thompson in Richtung Freiheit vorangekämpft hatte. Nach fast einer halben Stunde Autofahrt erreichten wir Bay Bulls, keine zwanzig Meilen von der Hauptstadt entfernt. Ein friedliches Fleckchen Erde, mit einer romantischen Bucht, um die sich nur ein paar Häuser reihten. 1200 Seelen sollte die Gemeinde zählen, zu Thompsons Zeiten mussten es um die hundert gewesen sein.

Die Geschichte von dem flüchtigen Piraten hatte sich in dem Dorf, in dem es anscheinend sonst nicht viel zu erzählen gab, hartnäckig gehalten. In einem der drei Gräber, die etwas erhaben über der Küste standen, sollte Thompson ruhen.

Raubmord oder Totschlag, dieser Gedanke ging mir nicht mehr aus dem Kopf. Es war Keating, der die Geschichte von der hingebungsvollen Pflege des Piraten verbreitet hatte, die so sehr dem Anfang von Stevensons Roman glich. Es war Keating, der zahlreiche weitere Leichen zu tragischen Unfällen verklärte und als Erbe jedem eine etwas andere handgezeichnete Schatzkarte hinterließ. Ich stand vor dem namenlosen Grab und dachte nach. Ich kam immer mehr zu der Überzeugung, dass Keating eine entscheidende Rolle bei Thompsons Verschwinden gespielt hatte.

Aus dem Briefwechsel zwischen Boag jr. und seiner Schwester ging klar hervor, dass Thompson sich auf dem gesellschaftlichen Parkett von St. John's geschickt bewegt hatte. Allerdings war der Sohn von Captain Boag damals noch zu jung, um selbst an den Veranstaltungen teilzunehmen. Er konnte nicht genau wissen, was sich hinter den Mauern des Gouverneurspalastes abgespielt hatte.

Einigen Überlieferungen zufolge sollte Thompson auf einem Ball im Palast von einer hübschen Verehrerin gewarnt worden sein. Gewarnt vor Verfolgern oder vor Keating? Noch bevor die Musik verklungen war, hieß es, sei Thompson aus dem Saal gestürzt und geflohen.

Wäre ihm die Flucht gelungen, hätte man sicher noch einmal von ihm gehört. Doch von William Thompson fehlte seither jede Spur, nur die sterblichen Überreste eines Unbekannten wurden an dieser Stelle vor über 150 Jahren an Land gespült.

Warum sollte Thompson Hals über Kopf geflohen sein? War er in diesem Land als Sieger über die Spanier nicht genauso ein Held wie Lord Cochrane? Dass die Krone ihn durch ihre Polizei suchen ließ, war unwahrscheinlich. Es waren vor allem die Leichen, die später noch John Keatings Weg pflastern sollten, die nur zu einer Schlussfolgerung führen konnten: William Thompson war vorrangig vor John Keating geflohen.

Noch im gleichen Monat, in dem Thompson verschwunden war, war die *Edgecombe* mit vermeintlichem Ziel Rio de Janeiro aus dem

Hafen von Neufundland ausgelaufen. Mit an Bord: Keating, Boag und Boag junior. Schiffsmeldungen zufolge führte diese Expedition von Rio über das Kap Horn zur Kokosinsel. Es war die erste dokumentierte Expedition, bei der tatsächlich ein Schatz auf der Kokosinsel gefunden wurde. Nachdem ich mit eigenen Augen die Dublonen und Archivunterlagen gesichtet hatte, gab es nun nur ein Ziel für mich.

Dr. Raul Arias' Satellitenbilder – meine zweite Expedition zur Schatzinsel

Kokosinsel, Dezember 2004

F ür mich wurde es Zeit, das heilige Land der Schatzjäger ein weiteres Mal zu betreten. Es hatten sich nicht nur neue Aspekte im Hinblick auf die Piraten und Schatzsucher vergangener Epochen ergeben, sondern auch neue Forschungsansätze. Genauso wie die französischen Höhlenforscher rein wissenschaftlich vorgegangen waren, gab es auch ganz moderne wissenschaftliche Ansätze bei der Suche nach dem verschollenen Piratengold.

Im Jahr 2003 war ich auf eine Nachricht in der *Frankfurter Rundschau* gestoßen. »Forscher entdeckt Piratengold auf Satellitenbildern« war die Überschrift einer kleinen Meldung, die mich nach meinem Ausflug nach Neufundland wieder nach Costa Rica führte. Raul Arias war, genau wie alle anderen Schatzjäger, besessen von der Vision, den großen Schatz von Lima zu finden, mit dem Unterschied, dass er als Wissenschaftler an der Universität von Costa Rica arbeitete und neben historischen Unterlagen brandneue Satellitenaufnahmen besaß. Und zwar nicht irgendwelche, sondern solche, auf denen Metallvorkommen zu erkennen waren. Sie zeigten den Norden der Insel mit Chatham- und Wafer-Bucht, und genau an drei Stellen leuchtete die gelbe Farbe, die Metall bei diesen Aufnahmen signalisiert. Tatsächlich waren es in etwa die Stellen, zu denen auch die Schatzkarten führten.

Drei Schätze, drei verschiedene Orte zwischen Wafer- und Chatham-Bucht. Ich war wie elektrisiert von dem Gedanken, den Schätzen wieder so nahe zu sein. Wie musste es erst Arias gegangen sein? Mit meinen Unterlagen und dieser neuen wissenschaftlichen Erkenntnis gelang es mir, das ZDF für ein Filmprojekt zu begeistern: *Jäger verlorener Schätze – die Schatzinsel*.

Im Dezember 2004 war ich also zurück in meinem inzwischen sehr vertrauten und geliebten Costa Rica. Dr. Arias erwartete mich bereits und hatte einige Unterlagen vorbereitet, aber die große Neuigkeit war vor allem die Satellitenaufnahme. Obwohl Arias für die Universität von Costa Rica arbeitete, war er genauso schatzbesessen wie alle anderen Schatzjäger, die ich inzwischen kennengelernt hatte. Aber der Vergleich der vor mir liegenden Schatzkarten mit den Satellitenaufnahmen war zu vage, die gelben Flecken, die das Gold darstellen sollten, zu diffus. Was genau die Satellitenbilder zeigten, würde sich auch kaum herausfinden lassen, denn eine Genehmigung für die Schatzsuche war sehr schwer, wenn nicht unmöglich zu bekommen.

Für meinen Film simulierten wir den Schatzraub an der pazifischen Südküste des Landes, auf der Halbinsel Osa. Die »Piraten« für die Inszenierung hatte ich im Dschungel von Costa Rica gefunden, europäische Aussteiger, die wie einst August Gissler vor der bürgerlichen Enge in Europa geflohen und für jedes Abenteuer offen waren. Die Höhe der Wellen entsprach ungefähr der vor der Kokosinsel. Ich hatte ein altes Holzboot organisiert, Schatzkisten und eine vergoldete Madonna. Die Nachbildung des Limaschatzes war zwar um ein Vielfaches leichter, als der echte Schatz gewesen sein musste, das Unterfangen aber trotzdem nicht einfach. Ein erfahrener Skipper navigierte die Schaluppe, und es bedurfte einiger Anläufe, den Schatz sicher an Land zu bringen. Es hätte nicht viel gefehlt, und wir hätten den mühsam gebauten Schatz Poseidon überlassen müssen. Doch zu guter Letzt konnten wir »die Beute« sicher an Land schaffen.

Vor allem die Inszenierung der Szene, wie der Schatz an Land gebracht wurde, führte mir noch einmal deutlich vor Augen, wie schwierig es gewesen sein musste, einen tonnenschweren Goldschatz in einem Holzboot sicher anzulanden. Die costa-ricanische Pazifikküste ist ein Mekka für Surfer, denen bekanntlich die Brandung nicht hoch genug sein kann. Zum Surfen ist dieser Wellengang sicher perfekt, jedoch keinesfalls zum Verladen schwerer Schätze. Und dann war da auch noch die Tatsache, dass die Stellen auf Arias Karte ziemlich schwer zu erreichen waren. Tonnen von Gold und Juwelen sicher an Land zu bringen war nur die eine Hürde, die größere war es, die Schätze entweder meilenweit zu schleppen oder die Steilküste hinaufzubefördern. Und genau das war notwendig, um an die Punkte zu gelangen, die Arias Karte zeigte.

Für mich gab es dafür nur zwei Erklärungen: Entweder die Satellitenaufnahmen zeigten Metallvorkommen auf der Insel, oder es handelte sich bei den drei markierten Stellen um kleinere Schätze, die nach und nach zu diesen entlegenen Verstecken gebracht worden waren. Die letzte Möglichkeit hielt ich für die wahrscheinlichere.

Da Dr. Arias nicht sehr diplomatisch vorging, stand unsere Expedition unter keinem guten Stern. Vor den Behörden beharrte er darauf, den großen Schatz von Lima gefunden zu haben, konnte aber lediglich die Satellitenaufnahmen vorzeigen. Die Bilder waren interessant, aber eben nicht eindeutig, und so wurde ihm die

Sondergenehmigung zur Schatzsuche verweigert. Die Kokosinsel war inzwischen nicht nur zum Nationalpark, sondern auch zum Weltnaturerbe erklärt worden. Die Regierung hatte dadurch eine große Verantwortung für das Eiland.

Der damalige Umweltminister, Carlos Manuel Rodríguez, zeigte mir einen Stapel von Briefen aus der ganzen Welt – alles Anfragen von Schatzsuchern, die auf der Kokosinsel auf Schatzjagd gehen wollten.

»Wenn mir jemals jemand eine wirklich überzeugende und historisch belegbare Schatzkarte oder sonstige überzeugende Fakten bringt, wird es sicher einen Weg geben, gemeinsam mit einem Expeditionsteam der Regierung die Stelle zu suchen. Aber bisher hat mich noch nichts überzeugt«, erklärte er mir seine Absage an Dr. Raul Arias.

Er lehnte es also nicht kategorisch ab, jemals eine Genehmigung auszustellen, doch die Wahrscheinlichkeit ging gegen null. Rodríguez traute den Satellitenbildern von Arias nicht, und ihm war klar, dass dessen Schatzsuche mit einer ziemlichen Zerstörung einhergehen würde, da die signifikanten Orte alle an schlecht zugänglichen Stellen lagen. Große Schneisen hätten geschlagen werden müssen, um mit Geräten dorthin zu gelangen.

Schließlich konnte ich mit ihm einen Kompromiss aushandeln: Wir durften gemeinsam mit Arias die mutmaßlichen Schatzorte aufsuchen – obwohl sie im für Besucher gesperrten Teil lagen –, aber dort nicht graben oder bohren. Selbst einen Metalldetektor durften wir nicht mitnehmen. Stattdessen lud ich ein ganzes Expertenteam ein, nahm ein Ultralightflugzeug samt Pilot mit an Bord und charterte die *Okeanos* für die ZDF-Expedition.

Die Jagd nach dem verlorenen Schatz beschränkte sich auf Expeditionen ins Landesinnere, zu Stellen abseits der Wege mitten im Dschungel. Die mutmaßlichen Schatzorte auf der Kokosinsel waren auch ohne schwere Goldladung – allerdings immerhin mit schwerem Kamera-Equipment – nur unter großen Strapazen zu erreichen. In den vergangenen zwei Jahrhunderten hatte sich durch kleinere Erdbeben, Landrutsche und Tsunamis so viel auf der Insel verändert, dass ein dichter Bewuchs überhaupt nichts darüber aussagte, ob an diesen Stellen ein Schatz vergraben lag oder nicht. Schließlich hatte selbst Mary Welch die Schatzorte auf der Insel schon nach zwanzig Jahren nicht mehr wiedererkannt – und wir waren fast 200 Jahre nach dem Raub des Kirchenschatzes dort.

Wir versuchten noch einmal direkt vor Ort, die Schwierigkeiten der Bergung eines Schatzes von diesem Ausmaß zu simulieren. Wir verstauten Bleigewichte und andere schwere Gegenstände in Transportkisten und versuchten, sie ins Landesinnere zu transportieren. Auch bei dieser Aktion kam ich zu dem Schluss, dass nur eine Höhle unweit der Küste die Lösung sein konnte, woran ich mich Jahre später vor den Höhlen der Ardèche erinnern sollte.

Berichten zufolge hatten Schatzjäger in den 1960er-Jahren den Eingang zu einer Schatzgrotte gefunden. Dieses Versteck hatte sich im Lauf der Zeit demnach nicht so stark verändert, es konnte sich also auch in den letzten Jahrzehnten erhalten haben. Doch wo war diese Grotte? Niemand hatte sie danach wiedergefunden. Auch August Gissler musste auf der Suche nach einer Höhle gewesen sein. Er hatte sogar selbst einen Tunnel gegraben, der noch heute erhalten ist. Christopher Weston hatte für diese Produktion das Original von Gisslers Aufzeichnungen hervorgeholt und uns einige Seiten abfilmen lassen, auf denen sich die Mühen des bärtigen Teutonen offenbarten.

Ich erinnerte mich an Christophers Worte, dass keine der Karten, ob historisch oder modern, so ohne Weiteres jemals zum Schatz führen würde. Jede Karte brauchte wahrscheinlich noch einen zusätzlichen Schlüssel, und den galt es zu finden. Die Idee von Arias war allerdings eine andere. Er vertraute auf den gigantischen Metalldetektor im Satelliten, ungeachtet der Tatsache, dass möglicherweise natürliche Metalle das Bild verfälschten. Wir versuchten, Westons historische Karten mit den Unterlagen von Arias zu vergleichen und daraus Schlüsse zu ziehen.

Doch auch dieser Ansatz stellte sich als schwieriger heraus als gedacht. Die Umrisse der historischen Karten glichen nicht der Satellitenkarte. Wir hätten auf unserer Expedition Metalldetektoren und eine uneingeschränkte Sucherlaubnis haben müssen, um herauszufinden, ob die Satellitenbilder zu einem Ergebnis führten.

Auch einige Tauchgänge brachten uns nicht weiter, das Wasser war extrem turbulent. Ich erinnerte mich daran, dass mir einer der Ranger erzählt hatte, ein Tsunami habe die erste Hütte des Schatzjägers August Gissler zerstört. Niemand sei damals zu Schaden gekommen, aber das Gesicht der Bucht habe sich verändert. Mit Sicherheit war es nicht nur die Bucht, die sich verändert hatte, sondern auch der Meeresboden vor der Küste. Selbst bei ruhigstem Wetter und bester Sicht hätten die Taucher an der Stelle, die auf dem Satellitenbild gelb hervorstach, nur Sandboden oder Korallen entdeckt.

Als Stephen Weston, Christopher Westons Sohn, mir die trüben Bilder aus dem Ozean zeigte, erzählte er von den unzähligen Tauchgängen seines Vaters und seines Großvaters und den Legenden, die sie verfolgten. Die meisten Geschichten kannte ich schon, doch den Artikel aus der costa-ricanischen Zeitung *Prensa libre* vom 22. März 1954 noch nicht: »Der Schatz der Kokosinsel liegt in einem Wrack vor der Insel«, lautete der Titel.

»Außer meinem Vater und Großvater waren nach diesem Zeitungsartikel noch unzählige andere Glücksritter hier, sogar Mel Fisher, der berühmteste und erfolgreichste Schatzjäger aller Zeiten. Auch er konnte den Schatz am Meeresgrund nicht finden, allerdings durfte er auch nicht so suchen, wie er sich das vorgestellt hatte«, erklärte mir Stephen, während ich den Bericht überflog und daran dachte, dass auch Lauxmann Mel Fisher erwähnt hatte. Fast zwanzig Jahre lang hatte Fisher nach einem anderen Schatz gesucht: dem Gold der *Atocha,* einem Schiff, das ebenso wie die *Mary Dear* Gold für die Spanier transportieren sollte und verschwand. Er fand den Schatz nach endloser Suche vor der Küste Floridas, nachdem fast niemand mehr daran geglaubt hat. Er ist heute größtenteils im Mel Fisher Museum in Key West, Florida, ausgestellt, und 400 Millionen Dollar wert. Einen solchen Erfolg hatte sich Lauxmann auch für die gemeinsame Schatzjagd vor der Kokosinsel gewünscht. Doch daraus sollte nichts werden. Zahlreiche Expeditionen mit schweren Geräten wären vonnöten gewesen, und die Kokosinsel war inzwischen zum Nationalpark erklärt worden.

Die vom Schatzfieber befallenen Männer Weston, Lauxmann und Fisher verband eine jahrelange Freundschaft, bis Fisher 1998 starb. Die Vision, auch vor der Kokosinsel ein Wrack voller Gold zu heben, erfüllte sich für die Schatzjäger nicht.

Ich hatte inzwischen den Artikel zu Ende gelesen. Er handelte von einem Segler aus Baltimore namens Jacob Adolph Blumn, der angeblich vor der Kokosinsel einen Schatz im Wert von 50 Millionen Dollar am Meeresboden gesehen hatte: Piratengold, Silber und Juwelen.

»Natürlich weiß ich, wo das Schiff sank. Es liegt 25 Meter unter Wasser und ist jetzt von einem Berg Sand bedeckt«, erzählte der Seemann dem Journalisten der *Prensa libre.*

»Ich habe den Sandhügel unter Wasser gesehen und könnte jeden sofort dorthin führen – doch das werde ich nicht tun. Warum? Weil schon Tausende Piraten und Schatzsucher auf der Jagd nach diesem Schatz umkamen. Weitere Menschen kamen um, als dieses Schiff sank, und erneut verloren Menschen ihr Leben, als sie auf dem Meeresgrund nach dem Schatz suchten. Ich möchte keine weiteren Toten! Inzwischen habe ich ein Alter erreicht (79), in dem ich mir dies leisten kann, und ich sage Ihnen, ich würde nicht verraten, wo der Schatz liegt, selbst wenn Sie mir eine Million Dollar anbieten würden«, fuhr der alte Seebär in dem Interview fort, bevor er die eigentliche Geschichte erzählte.

Viele Jahre zuvor, genauer im Jahr 1897, hatte Blumn als junger Mann in New York auf dem Schiff *Elvira* angeheuert. Es sollte offiziell eine fünfjährige Reise durch tropische Gewässer werden, mit dem Ziel, möglichst ungewöhnliche Muscheln und andere Kuriositäten aus dem Meer für ein Museum zu sammeln. Doch statt auf Muschelsuche ging die *Elvira* auf geheime Schatzjagd auf der Kokosinsel. Nach Aussage von Blumn waren die Schatzjäger sofort erfolgreich. Sie gruben drei tiefe Löcher in den Sand und bargen einen immensen Schatz. Kaum hatten sie ihn auf die *Elvira* verladen, stachen sie in See. Die ganze Mannschaft feierte unter Deck, bis auf Blumn und den Schiffszimmermann, als ein gewaltiger Taifun auf das Schiff zukam. Die beiden Männer waren die Einzigen, die sich auf die Insel retten konnten, wobei der Zimmermann nach wenigen Tagen einem Fieber erlag. Angeblich lebte Blumn zweieinhalb Jahre einsam und allein auf dem Eiland, bis er von einem portugiesischen Fischerboot gerettet wurde. Mehr als fünfzig Jahre später erzählte er diese Geschichte der amerikanischen Sonntagszeitung *Baltimore American*. Wenige Tage danach erschien sie in der costaricanischen Zeitung.

Die Meldung entfachte in den 1950er-Jahren erneut das Schatzfieber. Mit ihren modernen Maschinen verursachten die folgenden Expeditionen noch viel größere Schäden auf der Insel als andere zuvor. Weder die *Elvira* noch die vermeintlichen Schatzverstecke wurden je gefunden. Die Gier hatte die Schatzjäger dermaßen erfasst, dass ihnen noch nicht einmal auffiel, dass die *Elvira* angeblich genau in dem Jahr gesunken sein sollte, als Gissler zum Gouverneur der Insel ernannt wurde und auch Keatings Witwe dort auf Schatzjagd ging – das Schiff wäre kaum unbemerkt geblieben. Im darauf folgenden Jahr, 1898, entsandte der costa-ricanische Präsident eine offizielle wissenschaftliche Expedition, um die Flora und Fauna der Insel zu untersuchen – während Blumn angeblich völlig einsam auf der Insel lebte und erst nach fast dreijährigem Aufenthalt von einem Schiff gerettet wurde.

Dennoch, die Gier war entflammt, und es folgten weitere zwanzig Jahre der Schatzjagd auf der Insel, die erhebliche Zerstörung hinterließen. Erst als Rodrigo Carazo Odio die Insel endlich unter Schutz stellte und zum Nationalpark erklärte, kehrte langsam Ruhe ein.

Nachdenklich legte ich den Zeitungsartikel beiseite und dachte daran, was für eine weise Entscheidung Präsident Odio getroffen hatte. Es war gut, dass wir keine Suchgeräte benutzen durften. Was hätte es für einen Skandal ausgelöst, wenn wir eine Suchgenehmigung erhalten hätten – Neid, Gier, Mord und Totschlag. Ich schüttelte mich bei dem Gedanken an habgierige Schatzjäger, die über Leichen gingen.

»Ich gehe jetzt meine Schätze suchen.« Mit diesen Worten unterbrach Stephen meine Gedanken und hatte sofort meine ungeteilte Aufmerksamkeit. Er registrierte meinen entsetzten Blick und fuhr lachend fort: »Die grünen Schätze, die Natur meine ich: Mantas, Haie, Delfine, Korallen und viele andere Naturschätze, die sich da unten tummeln. Du musst unbedingt richtig tauchen lernen und noch einmal herkommen. Weißt du was? Wenn wir zurück sind, stelle ich dich den Leuten von der Stiftung Marviva vor. Die kennen sich mit den schützenswerten Meerestieren noch viel besser aus als ich. Es ist unglaublich, was diese Organisation schon für unsere Insel getan hat. Wenn du mal einen Film über die Schätze der

Natur rund um die Insel machen willst, werden sie dir sicher helfen.«

Damals ahnte ich noch nicht, dass es bald tatsächlich so kommen würde. Noch war ich viel zu beschäftigt mit dem laufenden Filmprojekt, den Piraten, den Schätzen und Schatzjägern.

Auf Forschungsreise mit der *Proteus* – meine dritte Expedition zur Schatzinsel

Kokosinsel, Januar 2007

D er Film *Jäger verlorener Schätze* war sehr erfolgreich im Fernsehen gelaufen, trotzdem hatte ich das Gefühl, dass ich die Insel noch einmal von einer ganz anderen Warte aus betrachten musste: Ich wollte mich der Natur annähern, die die Insel so fest im Griff hatte und ihr Gesicht ständig veränderte.

Noch steckte die Erforschung der Kokosinsel in den Kinderschuhen, und für jeden Wissenschaftler war so ein weißer Fleck in unserer übererforschten Welt ein Geschenk. Doch das Paradies war nicht nur von Schatzjägern bedroht, viel schlimmer waren die Fischer, die aus dem überfischten Ozean in die Gewässer des Nationalparks Kokosinsel auswichen und dort die Umwelt zerstörten. Um dies zu verhindern, war die Stiftung Marviva ins Leben gerufen worden, die lateinamerikanische Staaten beim Schutz von Nationalparks im Meer und deren Bewohnern unterstützte.

So hatte ich bei meiner dritten Expedition zur Kokosinsel die einzigartige Gelegenheit, die erste umfassende biologische Bestandsaufnahme der Meeresflora und -fauna rund um die Insel zu beobachten und zu dokumentieren. Es handelte sich um ein Forschungsprojekt des renommierten Wissenschaftlers Professor Dr. Jorge Cortéz von der Universität von Costa Rica, unterstützt von Marviva.

Professor Cortéz hatte eine ganze Heerschar von Wissenschaftlern mobilisiert, um alle Organismen in den Feuchtgebieten rund um die Kokosinsel systematisch zu erfassen. Dabei ging es nicht nur um das »Arten-Album« der Forscher, sondern auch um globale Zusammenhänge: Unter anderem suchte das Team nach einem Code für die Folgen von Klimaveränderungen und Umweltverschmutzung, wie Professor Cortéz mir erklärte. Die Kokosinsel mit ihrer Lage fernab der Zivilisation und damit der gewöhnlichen Umweltverschmutzung sei dafür ein optimales Objekt. Das weihnachtliche Klimaphänomen El Niño – eine warme Strömung, die um die Weihnachtszeit auftrat und von Jahr zu Jahr sehr unterschiedlich ausfiel – schlage hier mit voller Wucht zu. Die Temperaturunterschiede würden gemessen und die Auswirkungen dieses lokalen Klimawandels auf Meeresfauna und -flora genau registriert. Die Werte würden dann mit Küstengebieten, die ähnlich strukturiert, aber starken Umweltbelastungen ausgesetzt waren, verglichen. So ließen sich ziemlich genau die katastrophalen Folgen verschiedener Umweltfaktoren benennen. Die Entdeckung neuer Organismen sei quasi ein Nebenprodukt der Forschungen im Zuge der Langzeitstudien für Klima und Umwelt.

Eine richtige Forschungsreise zur Insel war für mich als Naturwissenschaftlerin eine derartige Bereicherung, dass ich ausnahmsweise beschloss, die Ereignisse täglich festzuhalten. Später musste ich allerdings feststellen, dass beim allabendlichen Resümee des Tagesgeschehens meine Gedanken häufiger bei den Piratenschätzen landeten als bei der einzigartigen Flora und Fauna. Ein Mal Schatzfieber, immer Schatzfieber.

Ausgangspunkt war auch diesmal wieder Puntarenas. Dort ging ich an Bord des Forschungsschiffes *Proteus* der Stiftung Marviva, benannt nach dem gleichnamigen griechischen Meeresgott.

Tagebuch
meiner dritten Expedition zur Kokosinsel

10. 01. 07, erster Tag auf der *Proteus*

Sonnenaufgang in Puntarenas. Alles schläft, nur die Hunde sind wach – und die taiwanesischen Fischer. Die Marviva-Leute erzählen, dass die Boote wahrscheinlich bald von hier verschwinden werden. Es lohnt sich für die raffgierigen Besitzer nicht mehr, die Gesetze in Costa Rica sind endlich strenger geworden. Früher haben sie Tonnen von Haifischflossen an Land gebracht.»Shark Finning«, wie es heißt, ist hier jetzt endlich verboten, auch in Nicaragua, Panama und Ecuador. Dafür hat Marviva gesorgt, durch langwierige zähe Verhandlungen. Die Taiwanesen werden mit der Hai-Schlachterei trotzdem nicht aufhören, sie werden weiterziehen nach Norden.

Wir verlassen die *Proteus,* meine Heimat für die nächsten zehn Tage, und fahren mit dem Beiboot den Fluss ein Stück entlang der Docks hinauf. Wir wollen sehen, ob ein paar Fischer zurückgekommen sind, ob ihr Fang legal ist, und vor allem auch, wie sie die Fische gefangen haben. Es ist erstaunlich ruhig, nur überall die Hunde. Hunde, die uns von den Booten oder den Docks ankläffen.

Ein paar Fregattvögel zanken sich über unseren Köpfen um ein Stück Fisch. Einer jagt dem anderen die Beute ab, so lange, bis sie klatschend ins Wasser fällt und sich sofort ein Pelikan darüber hermacht.

Die taiwanesischen Fischerboote liegen alle im Hafen, drei, vier, fünf Boote nebeneinander vertäut. Es scheint keines ausgelaufen zu sein, keines kommt vollgeladen zurück. Auch bei den costaricanischen Fischerbooten ist wenig Aktivität zu sehen. Wie Piratenflaggen ragen die Stäbe der Bojen mit schwarzen Plastiktüten als Fahnen in die Luft. Sie sehen gespenstisch aus in der aufgehenden Sonne. Es sind Langleinenboote. Die schwarzen Flaggen zeigen den Fischern, wo die Bojen sind, wenn sie die ganze, bis zu vierzig Meilen lange Leine ausgeworfen haben.

Immer noch kein Fischerboot, das vollbeladen zurückkommt. Haben die Fischer die *Proteus,* unser fünfzig Meter langes Forschungsschiff, gesehen und fürchten sich nun vor Kontrollen?

Also zurück auf die *Proteus.* Dort gibt es Frühstück von unserem hervorragenden Koch Memo: *Pinto,* außerdem Eier mit Speck und köstliche tropische Früchte. *Pinto* ist das costa-ricanische Nationalgericht: Reis und schwarze Bohnen mit Zwiebeln, Paprika und Koriander gedünstet.

Jetzt geht die Arbeit richtig los. Nico, der Unterwasserkameramann, kommt an, wenig später ein Möbellaster mit einem riesigen Esstisch und einer Couchgarnitur für die Ranger auf der Insel.

Wir warten auf die Forscher. Um elf Uhr sollen sie da sein, aber wie immer gibt es eine Verspätung. Endlich kommt das Team, zwei Pick-ups von der Universität mit vollbeladener Ladefläche, abgedeckt mit grünen Planen. Darunter fördern die Wissenschaftler alle erdenklichen Utensilien zutage; wozu sie gut sind, wird sich noch zeigen. Ich freue mich, Professor Jorge Cortéz wiederzusehen. Ein brillanter Kopf, gut organisiert, ich bin sehr gespannt auf die Arbeit.

Letzter Landgang. Wir nutzen den freien Nachmittag, um ein bisschen durch die Gassen zu schlendern und ein letztes Bier zu trinken. Auf dem Schiff ist absolutes Alkoholverbot.

Jetzt wird es langsam ernst, um 20 Uhr laufen wir aus. Briefing im Meeting Room: Sicherheitsbestimmungen. Mir wird ganz mulmig, als der Maat erklärt, wie die Weste angelegt wird – und wie sie festzuhalten ist, während man vom sinkenden Schiff ins Wasser springt. Danach sind Professor Cortéz und ich an der Reihe mit einem Vortrag. Er erklärt kurz sein Forschungsprogramm und ich mein Filmprojekt: Cortéz ist auf der Jagd nach den unentdeckten Schätzen aus den Tiefen des Ozeans, nach großen und kleinen Organismen, die noch kein Mensch je zu Gesicht bekommen hat. Davon soll es rund um die Kokosinsel noch einige geben. Für jede Tier- und Pflanzengruppe, nach der gefahndet wird, ist ein Experte an Bord. Doch bei der Bestandsaufnahme ist noch Weiteres von Interesse: Meeresgetier, Sedimente, Wasserqualität. Die Ergebnisse vergleichen die Forscher dann mit Wissenschaftlern aus vier anderen Nachbarländern, die rund um ihre Inseln und an den Küsten die gleichen Untersuchungen durchführen. Und ich werde die Expedition dokumentieren. Aber ich habe noch einen Hintergedanken: Wenn einer der Piratenschätze – wie manche vermuten – am Meeresgrund liegt, dann muss ihn das Team von Cortéz früher oder später einfach finden.

Kurz darauf werden die Maschinen angeworfen, und ich organisiere mir schnell noch etwas gegen Seekrankheit. Der Hafen entfernt sich, die Lichter werden kleiner, und das Schiff beginnt zu schwanken. Die Medizin ist klasse. Ich bin das erste Mal auf See, ohne dass mir sofort schlecht wird.

11. 01. 2007, zweiter Tag – endlose Weite

Die ganze Nacht und den ganzen Tag auf offenem Meer, nirgendwo Land in Sicht. Kein Mensch wird mir glauben, dass ich in diesen Breitengraden mit Sweatshirt, langer Hose und Socken geschlafen habe. Die Kälte war viel schlimmer als das Geschaukel; ich kann

Klimaanlagen nicht ausstehen. Auch die klappernde Tür, die zur winzigen Dusch- und Toilettenkombination zwischen zwei Kajüten führt, hat gestört. Mit donnernden Schlägen klappt sie bei jeder Welle auf und zu. Beim vierten Mal schaue ich auf die Uhr: Es ist sieben, Zeit zum Duschen und Aufstehen. Vor dem Frühstück hole ich mir einen Kaffee und gehe an Deck. Gleißendes Sonnenlicht erwartet mich. Rundum am Horizont nur Wasser.

Der Tag vergeht schnell. Nach dem Frühstück stellen die Forscher ihr Tauchequipment auf. Wir machen ein paar Aufnahmen von der Brücke, vom Kapitän und von der endlosen Weite des Ozeans.

Ich will Delfine sehen, aber ich habe kein Glück. Ein paar fliegende Fische tauchen auf, wie Vögel gleiten sie dicht über dem Wasser dahin. Und Möwen mitten auf dem Ozean – als blinde Passagiere sind sie mitgefahren – streiten sich um die Plätze auf den Kränen und anderen hoch gelegenen Schiffsteilen. Zwischendrin gehen sie kurz Futter fassen: fliegende Fische und was der Ozean noch in Schnabelgröße zu bieten hat. In der Ferne tauchen endlich ein paar Walrücken auf. Von Delfinen immer noch keine Spur; ich hoffe auf morgen.

12.01.07, dritter Tag – Land in Sicht

Türklopfen am frühen Morgen reißt mich aus dem schaukelnden Halbschlaf. Ich schaue auf die Uhr: 4:30. Eine Stunde später geht es los.

Feuerrot erscheint die Sonne am Horizont, in der Ferne begrüßen uns endlich die ersehnten Delfine. Die Insel kommt immer näher, und die Kamera streikt. Die Luft ist höllisch feucht und warm, die Technik in dem eiskalt klimatisierten Raum stehen zu lassen war ein Fehler. Panisch schicke ich Uli, den Kameramann, zum Kameraföhnen. Nico, der Unterwasserkameramann, dreht inzwischen ein paar Einstellungen, allerdings mit dem gigantischen UW-Fischauge. Endlich funktioniert die Kamera wieder, das Föhnen hat geholfen. Bei gleißendem Sonnenlicht bekomme ich die ersten Einstellungen von der inzwischen schon ziemlich nahen Insel.

Wir haben gerade die Zwölf-Meilen-Zone des Nationalparks erreicht und entdecken acht Fischerboote. Der Kapitän kontrolliert mit seinem Radar, ob sie die Grenze überschritten haben. Nein, sie fahren knapp außerhalb. Dann, direkt vor uns, weiße Bojen – eine Longline. Nicht wie in Puntarenas mit Fähnchen dekoriert, sondern unauffällige, kleine weiße Bojen mitten in den Gewässern des Nationalparks.

Der Kapitän stoppt sofort die *Proteus,* der Tagesplan hat keine Gültigkeit mehr. Mit einem langen Haken wird die Leine eingefangen, Meter für Meter mit einer Winde eingeholt. Die daran hängenden Angelschnüre werden abgeschnitten und aufgerollt.

Kaum ist die Leine eingeholt, taucht fast direkt vor uns ein Fischerboot auf, diesmal wirklich illegal im geschützten Gewässer. Kursänderung, der Kapitän nimmt die Verfolgung auf. Doch die *Proteus* ist zu träge, ein Beiboot wird zu Wasser gelassen. Aber die Fischer sind zu schnell. Wir dokumentieren den kompletten Vorgang und wollen dann schnell an Land.

Die Parkranger tragen die gepolsterte Couchgarnitur und den Esstisch, die wir mitgebracht haben, über den Dschungelpfad zur Station. Ein grotesker Anblick: Polstermöbel im Urwaldcamp. Überhaupt ist die Station heute fast eine Luxuslodge gegen die Hütte von früher. Es sind inzwischen zahlreiche Ranger und Volontäre auf der Insel, und sie haben alle Hände voll zu tun. Unweit des Hauptquartiers türmen sich meterhoch die Longlines – das Resultat der Arbeit der letzten sechs Monate. Die Fischer lassen sich davon jedoch kaum beeindrucken. In Küstennähe gibt es fast keine

Fische mehr. Der Verlust einer Longline ist für die Fischer immer noch besser, als überhaupt nichts zu fangen, also gehen sie wieder und wieder das Risiko ein und fischen im Schutzgebiet.

Kaum angekommen, drehen in der sengenden Mittagssonne ein paar Forscher am Strand jeden Stein um. Ich lasse mir das Projekt erklären: Auch dort leben kleine Tiere, die möglicherweise noch auf ihre Entdeckung warten oder die hier in einer Sonderform existieren. Nur bei Ebbe, wenn sich das Meer zurückzieht, können die Forscher sie entdecken.

Genug, zurück zur *Proteus,* unter die Dusche, danach an Memos gedeckten Tisch: Casado mit Platanos und Yucca – eine weitere costa-ricanische Spezialität aus Reis, Bohnen, Hühnchen, gebratenen Bananen und Maniokwurzeln. Robert Louis Stevenson muss auch irgendwann einen so begnadeten Schiffskoch gehabt haben, dem er zunächst sein Werk *Die Schatzinsel* widmete, das ursprünglich »Der Schiffskoch« heißen sollte.

Keine Zeit, meinen Gedanken nachzuhängen. Die zweite Gruppe Wissenschaftler hat schon wieder ihre Froschanzüge an und besteigt das Beiboot. Wir fahren im Zodiac nebenher, vorbei an zahlreichen Wasserfällen, die sich von den grünen Steilwänden ins Meer ergießen. Vögel tummeln sich auf den bizarren Felsformationen. Das Meer schimmert einladend blaugrün. Ich beneide die Taucher, fürchte mich aber immer noch vor den Haien, die in der Tiefe lauern. Deshalb verzichte ich lieber auf ein erfrischendes Bad im Ozean und genieße wenig später den fantastischen Sonnenuntergang.

13. 01. 07, vierter Tag – Inselexpedition

Frühstück um sechs Uhr. Eine Expedition auf den höchsten Punkt der Insel, auf den Cerro Iglesias, ist geplant. Die Kamera hat auf Deck übernachtet und funktioniert einwandfrei. Das Zodiac steht pünktlich bereit. Wir setzen an der Wafer-Bucht über, machen uns an der Nationalparkstation startklar – von den Rangern, die uns begleiten sollen, ist allerdings noch keine Spur zu sehen. Eine Viertelstunde später gehe ich zum Hauptquartier, wo mich eine verschlafene Truppe erwartet. Etwas nervös gebe ich zu bedenken, dass wir gerne bei Tageslicht zurückkehren würden. Wenn die Tour auf den Berg normalerweise schon vier Stunden dauert, wie lange werden wir dann erst mit der schweren Ausrüstung und den zahlreichen Stopps zum Filmen brauchen?

Endlich kann es losgehen. Zwei Nationalparkmitarbeiter sind vorgegangen, um den von Urwaldgestrüpp überwucherten Pfad freizuschlagen. Die Tour fängt ganz moderat an – entlang der Wasserleitung für die Station –, allerdings wenig attraktiv. Reste von Gisslers Kaffeeplantage wuchern am Wegesrand. Dann entdecken wir ein kleines Schild: *Cerro Iglesias, Paso prohibido* ... Was so viel heißt wie »Kirchberg, Durchgang verboten«. Ein steiler, felsiger Pfad führt fast senkrecht nach oben und verliert sich irgendwo im Dickicht. Wir kraxeln mit Handeinsatz nach oben, Uli mit schwankender Kamera auf der Schulter, sein Assistent Norman mit Stativ und das Forscherteam mit Rucksäcken beladen. Schweißüberströmt erreichen wir den Nebelwald. Die Mühen haben sich gelohnt: eine Landschaft wie in *Jurassic Park* – meterhohe Baumfarne, Bäume, deren Rinde nicht zu sehen ist, weil sie in dicke Moospolster gepackt ist. Und tatsächlich hat sich der Bestsellerautor Michael Crichton ja seine Inspiration auf der Kokosinsel geholt.

Alles ist gut – fast jedenfalls. Den Gipfelaufstieg werden wir nicht schaffen, wenn wir vor Einbruch der Dunkelheit zurück sein wollen.

Wir filmen all die herrlichen Details und beginnen dann den Abstieg. Der Kapitän erwartet uns schon mit dem motorisierten Schlauchboot am Strand.

14. 01. 07, fünfter Tag – die geheime Bucht

Die *Proteus* bewegt sich wieder nach Süden, zur Bahia Iglesias – die Kirchbucht zum Kirchberg. Wir umrunden die halbe Insel, vorbei an den bizarren, verlockenden Felsen und Buchten. Um zehn Uhr haben wir unser Ziel erreicht. In der inzwischen stechenden Vormittagssonne sitzen ein paar Forscher an Deck und sortieren mikroskopisch kleine Meeresbewohner, Plankton, unter dem Binokular. Mit einem winzigen Köcher holen sie alle vier Stunden die Winzlinge direkt neben dem Schiff aus dem Wasser.

Nach dem Mittagessen wollen wir an die wunderschöne palmengesäumte Bucht, doch ein Übersetzen mit dem Zodiac ist hier unmöglich, das weiß ich noch von meiner ersten Expedition. Der Skipper schwimmt voran und befestigt ein Seil an einem Felsen, damit uns die Strömung nicht wegreißt. Daran hangeln wir uns entlang und kriechen auf allen vieren aus den tosenden Wellen. Norman lässt die Kamera bei der Aktion laufen. Wie Schiffbrüchige werden wir an den felsigen Strand gespült.

Wir wollen zum großen Wasserfall der Insel, aus einer Höhe von 75 Metern stürzt er in die Tiefe. Nur selten kommt jemand hierher, seit meinem letzten Besuch vor zwanzig Jahren ist kein Weg angelegt worden. Wie damals laufen wir das Flussufer entlang.

Rechts und links der Ebene ragen schroffe, fast überall bewachsene Felswände in die Höhe. Ich würde am liebsten jeden Zentimeter nach einer Grotte oder Höhle abtasten, doch der strenge Blick der Ranger hält mich davon ab.

Gibt es denn ein besseres Versteck als hier, auf dieser berühmten Schatzinsel? Zahlreiche Schatzkarten, Schatzbeschreibungen, Geschichten und Legenden rund um das Eiland habe ich gesehen und gehört. Zu keiner Bucht passen die rätselhaften Beschreibungen einer Grotte besser als zu dieser hier. Ich sehe die Piraten regelrecht vor mir, wie sie unter Strapazen den Schatz in einer Grotte verbergen. Wie sie den Eingang dazu mit einem Felsblock verschließen und diese geheime Tür unter den gigantischen hängenden Farnen, die die kompletten Felswände bedecken, völlig unsichtbar wird. Dann ist er plötzlich vor uns: der gigantische Wasserfall, dessen gewaltige Wassermassen sich in einen einladenden blaugrünen Pool ergießen, in den wir sofort hineinspringen. Das kühle Nass ist herrlich. Sehr spät machen wir uns auf den Rückweg. Erst kurz vor Sonnenuntergang erreichen wir die *Proteus*.

15. 01. 07, sechster Tag – Spuren der Piraten

Wir umrunden mit dem Zodiac die Insel auf dem Weg zur Chatham-Bucht, in der sich die Piraten auf Felsbrocken am Strand verewigt haben. Wir fahren langsam an den Buchten vorbei, nähern uns den schroffen Felswänden mit tosender Brandung. Wasserfälle ergießen sich in fast jeder kleinen Bucht direkt ins Meer. Man möchte sich darunterstellen und das herrlich weiche Wasser über seinen Kopf strömen lassen – keine Chance, die Buchten sind unerreichbar, die Brandung würde jeden Normalsterblichen zertrümmern.

Ich kann mich gar nicht sattsehen an den bizarren Formationen, Kokospalmen, die direkt auf den Felsen wachsen, Farnen, die wie Vorhänge die Steilwände bedecken.

Doch nachdem wir stundenlang die Buchten umrundet haben, ist die Flut inzwischen so hoch und die Brandung so heftig, dass selbst unser erfahrener Kapitän Riccardo kapituliert. Wir geben auf und beschließen, in die Wafer-Bucht nebenan zu fahren. Dort können wir problemlos anlanden. Hier ist das Hauptquartier der Nationalparkranger, und heute herrscht unerwartete Hektik. Die konfiszierten Longlines, die sich seit einem Jahr hier stapeln und ständig vermehren, werden zerkleinert und verpackt. Gut, dass Chatham überflutet ist, sonst hätten wir die Aktion verpasst. Tausende von Meilen Angelschnur können auf der Insel schlecht entsorg werden. Sie werden in Müllsäcke gesteckt und mit der *Proteus* ans Festland gebracht.

Wir müssen zurück zum Schiff, die Sonne steht schon tief – bei Captain Riccardos Affentempo ist das allerdings kein Problem. Wie heißt es? Mit ihm kann man Pferde stehlen – und vielleicht auch Schätze jagen? Leider keine Chance, die Schatzsuche ist schließlich verboten.

Kurz darauf lichten wir Anker. Die *Proteus* umrundet erneut die Insel, entlang der anderen Seite, die wir noch nicht gesehen haben: noch schroffere Felswände mit gigantischen, unerreichbaren Wasserfällen. Hier liegt definitiv kein Schatz.

Zum Abendessen sind wir zurück in der Wafer-Bucht. Der Abend wird sehr lang: Bis spät in die Nacht arbeiten die Wissenschaftler an ihren Errungenschaften, suchen Felsbrocken aus den Tiefen des Meeres nach Kleingetier ab, konservieren ihre »Beute« oder sezieren sie gleich vor Ort.

16. 01. 07, siebter Tag – Abenteuer in der »Yellow Submarine«

Bei Ebbe wollen wir noch einmal die Chatham-Bucht in Angriff nehmen. Wie haben es die Piraten früher mit ihren Holzbooten bloß geschafft, hier anzulanden?

Planänderung schon vor dem Frühstück: Jorge, unser Professor, hat einen Platz im *Deep Sea,* dem U-Boot des hier vor Anker liegenden Tauchschiffes *Argus,* ergattert. Ich beschließe, dass wir ihn beim Abtauchen filmen. Jorge bekommt eine Einweisung für die futuristische Kapsel, die eher wie ein UFO als wie ein U-Boot aussieht. An Bord sind kleine Sauerstoffmasken und Taucherbrillen – nur für den Notfall. Vorsichtig und sichtlich aufgeregt besteigt der Professor die »Yellow Submarine«. Wir steigen ins Zodiac und filmen, wie das Beiboot die Untertasse hinter sich herzieht und dann löst; das U-Boot gleitet bedächtig in die Tiefe. Langsam verschwindet es aus unserem Blickfeld, Haie ziehen über der Glaskuppel ihre Kreise.

Bis unser Professor wieder auftaucht, will ich endlich die Steine der Piraten in der Chatham-Bucht finden und filmen. Captain Riccardo versucht, das Zodiac am Strand anzulanden. Eine riesige Woge erwischt uns. Wir warten die hohen Wellen ab, versuchen es noch einmal – und schaffen es wieder nicht. Nach dem fünften Versuch brechen wir die Aktion ab. Zurück zur *Argus,* warten, bis der Professor wieder auftaucht. An Bord läuft Dan Browns *The Da Vinci Code – Sakrileg* auf dem Videomonitor – die Jagd nach dem heiligen Gral und seinem Geheimnis. Ist unsere theoretische Jagd nach den heiligen Schätzen der Pirateninsel und unsere praktische nach den grünen Schätzen der Insel nicht viel spannender? Das Walkie-Talkie unterbricht meine Gedanken, die Submarine ist aufgetaucht. Wir beobachten, wie ein enthusiastischer Professor der Glaskugel entsteigt.

Keine zwei Sekunden später kommt der Pilot und Erfinder dieses speziellen U-Bootes auf mich zu. Ich traue meinen Ohren nicht, als ich höre, dass er auch beim nächsten Tauchgang einen Platz frei hat und mir diesen anbieten möchte. Ich kann mein Glück kaum fassen. Jetzt geht alles sehr schnell: kurze Einweisung, Overall an und ab in die »Yellow Submarine« – für Angstschweiß bleibt keine Zeit.

Die Glocke schließt sich. Unter mir kann ich schon die Fische sehen, denn der Boden des seltsamen Gefährtes ist auch aus Glas – gewöhnungsbedürftig, aber faszinierend. Das Motorboot zieht uns noch ein paar Hundert Meter raus aufs offene Meer, und ab geht es in die Tiefen des Ozeans. Ganz langsam senkt sich das U-Boot Richtung Meeresgrund. Rundum blaues Meer, Fische überall. Neben mir tauchen plötzlich ein paar Weißspitzenriffhaie auf. Zum Greifen nahe schweben sie an der Glaskugel vorbei, völlig unbeeindruckt von unserem gelben Ungetüm. Unweit davon jagen Thunfische ein paar kleine Fische. Wir sind inzwischen direkt am Riff – überwältigend. Ein merkwürdiges Wesen hüpft unter uns über den Meeresboden, verharrt und sperrt sein Maul auf, das dreimal so groß erscheint wie das Tier selbst – ein Froschfisch. Wir folgen dem Meeresboden in hundert Metern Tiefe. Ohne Scheinwerfer würden wir kaum noch etwas sehen. Die Wesen hier unten scheinen zart und durchsichtig, feenhaft oder elfengleich. Die Außenkamera nimmt alles auf. Ich bin froh, dass dieses einzigartige Unterwassergefährt mit einer hochmodernen HD-Kamera ausgestattet ist. Mit einem Hebel kann ich die Optik dorthin navigieren, wo ich sie brauche, ein Monitor zeigt mir das Bild.

Ein neuer Berg taucht vor uns auf. Eine Meeresschildkröte begleitet uns auf dem Weg dorthin und lässt sich dann auf den Grund sinken. Der Berg liegt jetzt direkt vor uns, wie eine Pyramide oder ein Maya-Tempel türmt sich das Gestein auf. Atlantis, meint der Pilot achselzuckend. Es gebe viele, die meinten, das sagenumwobene Atlantis liege genau hier, die Kokosinsel habe einst als riesiges Eiland aus dem Ozean geragt und sei nach einem fürchterlichen Erdbeben zum größten Teil versunken. Tatsächlich, der Berg sieht aus wie von Menschenhand errichtet. Die Vorstellung, Atlantis läge hier, gefällt mir – es gibt immer mehr auf Kokos zu entdecken.

Wir sind leider schon fast wieder auf dem Rückweg. Plötzlich taucht direkt über uns ein Schwarm Hammerhaie auf. Die riesigen Körper gleiten über die Kuppel, ohne zu verharren, scheinbar ohne uns überhaupt zu registrieren.

Uli und Norman warten schon an Deck der *Argus* mit laufender Kamera auf mich, leider ohne Ton – vor lauter Aufregung habe ich vorher vergessen, ihnen zu sagen, dass ich eigentlich noch ein Interview mit dem Piloten machen wollte. Also zurück zur *Proteus,* zurück zu Memo – das Essen steht schon auf dem Tisch.

Danach geht es zum Wasserfall in der Wafer-Bucht. Dr. Lionel Wafer hat geschrieben, dass sich der Wasserfall wie in einen Korb ergieße. Schöne Worte, aber das Naturschauspiel ist mindestens eine Stunde Fußmarsch entfernt. Hat er wirklich diese Bucht, die später nach ihm benannt wurde, und diesen Wasserfall gemeint? Egal, wir wollen hin und müssen erneut über einen feuchtheißen Dschungelpfad ein gutes Stück den Berg hinaufklettern – aber das ist harmlos gegen den Aufstieg auf den Kirchberg, den Cerro Iglesias.

Nach getaner Arbeit – nachdem wir die Forscher bei der hundertsten Wasserprobe beobachtet und ihre Arbeit dokumentiert haben – stürzen wir uns klatschnass geschwitzt in die Fluten. Der Wasserfall, die Steilwände, die Farne, die möglichen Höhlen und Grotten – die Gedanken an den Schatz hören nicht auf, in meinem Kopf zu kreisen. Könnten die Piraten womöglich den tonnenschweren Schatz nach und nach in diese entlegene Ecke transportiert haben? Es erscheint mir unwahrscheinlich.

17. 01. 07, achter Tag – die Bucht der Piraten

Endlich Chatham! Pünktlich um sieben Uhr starten wir mit dem Skiff, dem motorisierten Beiboot aus Aluminium, und dem Zodiac – eine Gruppe der Forscher und wir. Und bei der dritten Welle schaffen wir es tatsächlich, an Land zu kommen.

Ich stelle mir schöne Nahaufnahmen von den Inschriften der Seeräuber und Abenteurer auf den Felsen am Strand vor. Die Zeit drängt, die Flut naht, bald kann das Zodiac nicht mehr ablegen. Der Ranger, von dem es hieß, er würde hier alle Steine in- und auswendig kennen, kann uns nicht wirklich mit Informationen weiterhelfen. Wir müssen aufs Geratewohl suchen. Wo ist der Morgan-Stein, wo der Thompson-Stein?

Wir fangen beim Cousteau-Stein an, der unübersehbar aus der

Brandung ragt. Und was ist da links in der Ecke zu sehen? *INA 88.*
Stimmt, ein Jahr, nachdem Cousteau sich hier verewigt hatte, war
ich hier, und irgendjemand hat meinen Namen in den Stein geritzt!
Ansonsten ist die Suche sehr mühsam; auf fast jedem Stein steht
etwas, aber nur wenig aus der Piraten-Ära. Zu oft haben sich die
Inselbesucher verewigt, die historischen Inschriften verfälscht.
Wir klettern den Flusslauf bis zu einem kleinen Wasserfall hinauf. Ich erkenne die Gegend kaum wieder. Bin ich so vergesslich,
oder hat sich alles verändert? Auch hier überall Inschriften auf den
Steinen. Ich suche den Felsen, den Christopher Weston mir vor fast
zwanzig Jahren gezeigt hat, mit dem Zeichen, das auf den Schatz
hinweisen soll. Ich finde ihn nicht. Die Zeichen sprechen trotzdem
Bände: Hunderte von Schatzjägern waren nicht nur hier, sie haben
sich auch verewigt, ihre Marke gesetzt. Wenn hier ein Schatz gelegen hat, dann ist er längst weg.

18. 02. 07, neunter Tag – harte Arbeit

Sehr kurze Nacht. Wir verfolgen ein Fischerboot innerhalb der
Zwölf-Meilen-Zone. Doch wieder ist unser Schiff zu langsam. Die
Ranger werden die Fischer anzeigen, illegal in den Nationalpark-
gewässern gefischt zu haben. Was daraus wird, ist ungewiss, die
Gerichtsmühlen mahlen langsam, und die Lobby der Fischerei ist
stark.

Am Nachmittag kommen die Müllsäcke. Ranger und Volontäre
steuern den modrigen Kahn mit einem Berg voller Müllsäcke geschickt an die Backbordseite der *Proteus.* Mindestens hundert Säcke
mit Müll und Longlines wuchten sie bei hohem Wellengang an
Bord. Auch Fässer mit Altöl werden mit Netzen und einem Kran
an Bord gehievt.

19.01.07, zehnter Tag – Abschied

Das letzte Mal Aufwachen in der Piratenbucht. Ich will unbedingt noch einmal zum berühmten Piratenstein des berüchtigten Freibeuters Henry Morgan, des Schreckens der Karibik, der vielleicht auch hier gewesen ist. Die Authentizität der Inschrift ist noch immer nicht bewiesen. Die See ist heute Morgen noch rauer als sonst. Die Mannschaft berät, wie sie uns an Land bringen kann. Es ist 7:30 Uhr. Um 8:30 Uhr steht das Wasser am tiefsten, es gibt keinen besseren Zeitpunkt zum Übersetzen.

Es muss schnell gehen, Captain Riccardo fährt wieder persönlich das Zodiac. Die Kamera steckt in zwei Müllbeuteln, den Strand haben wir gleich erreicht. Riccardo wendet das Boot, er muss erst eine Sequenz hoher Wellen abwarten. Darauf folgen die niedrigen, die wir erwischen müssen. Keine Chance – eine heftige Welle überspült uns, wir sind alle klatschnass. Also zurück und das Gleiche noch mal – wieder nichts, die Woge hätte uns fast in die Tiefe gerissen. Noch ein letzter Versuch. Bei diesem Anlauf gelangen wir endlich ins seichte Wasser, springen schnell aus dem Boot, holen das Equipment und laufen an den Strand. Der Kapitän der *Proteus* kommt mit. Er zeigt uns jetzt persönlich die geheimen Felsen. Die interessantesten Inschriften sind vom Mangrovensumpf überwuchert; es erscheint unmöglich, zu ihnen durchzudringen. Wie soll man dann erst den Schatz finden können? Ich glaube dennoch fest daran, dass er eines Tages auftauchen wird. Ganz zufällig wird jemand eine Grotte entdecken – vielleicht bin ich es? Doch jetzt zeigt uns erst einmal Riccardo den Morgan-Felsen. Groß und deutlich ist die Inschrift zu erkennen. Der Kapitän gibt uns eine halbe Stunde, mehr nicht. Die Brecher am Strand werden immer größer.

Die Initialen des berüchtigten Freibeuters sind überzogen von Flechten und Moos. Mit Stativ und Akku-Lampe gelingt es uns, sie deutlich hervorzuheben. Schnell noch einen zweiten Stein aus dieser Epoche gefilmt und dann zurück ins Boot. Aus der Bucht hinauszukommen ist fast noch schwieriger als anzulanden. Ich fürchte, dass wir jeden Moment kentern. Doch dann schaffen wir es, eine nicht ganz so hohe Welle zu nehmen, und fahren hinaus aufs Meer. Ich bin dem Captain sehr dankbar – die Piratenbucht ohne Morgan-Felsen wäre doch ziemlich enttäuschend gewesen.

Um 17 Uhr wird der Anker gelichtet – bye-bye, Kokos. Kaum haben wir die Insel ein paar Meilen hinter uns gelassen, gesellen sich wieder Delfine zu uns. Erst einer, dann zwei, und plötzlich sind es wieder mehr als zehn, die die tollsten Kunststücke aufführen. Ich kann sie hören, als würden sie mich rufen und verabschieden. Die ganze Insel scheint sich theatralisch auf diese Minuten vorbereitet zu haben – ein Abschied vor einem gigantischen Abendhimmel.

Bei meiner letzten Ansicht der Kokosinsel wurde mir bewusst, dass dieser Anblick Robert Louis Stevenson in seinem ganzen Leben nicht vergönnt war. Und bis *Die Schatzinsel* zum Bestseller wurde, kannte er auch nichts Vergleichbares, keine tropischen Inseln, Strände, Wälder und Pflanzen. Als er seinen Abenteuerroman schrieb, war er noch ein brotloser Künstler. Die Liebe hatte ihm einen weiten Weg gewiesen, von Edinburgh bis nach San Francisco, wo seine Geliebte Fanny Osbourne lebte und Geschichten über die Schätze der Kokosinsel in allen Kneipen kursierten. San Francisco war für Robert Louis Stevenson ein Ort der Inspiration für seinen berühmten Roman. Was und wer war ihm dort begegnet? Um das herauszufinden, musste ich mich erneut auf eine Reise begeben.

Auf den Spuren
von Robert Louis Stevenson

Kalifornien, Schottland und Schweiz, August 2007

D as Schild »Treasure Island« war das Erste, was mir ins Auge sprang, als ich vom Flughafen in San Francisco zum Hotel fuhr. Ob sich der Name der künstlichen Insel, die 1906 aufgeschüttet worden war, auf die Kokosinsel oder auf Stevensons Schatzinsel bezog, konnte ich nicht herausfinden: »It's the same«, war die gängigste Antwort, die ich erhielt.

Als Robert Louis Stevenson 1879 nach San Francisco kam, war die Stadt im Schatzfieber. Der Goldrausch hatte seinen Höhepunkt überschritten, und viele Glücksritter gingen auf Schatzjagd. Ihr Ziel: die Kokosinsel. Reportagen über Schatzjäger füllten die Gazetten – nicht nur in Kalifornien, sondern auch an der Ostküste –, und das schon seit Jahrzehnten. Die *New York Times* meldete bereits am 12. Dezember 1854 die Gründung der Cocos Island Treasure Company in San Francisco, mit einem Grundkapital von 550 000 US-Dollar, aufgeteilt in 22 000 Aktien. Weiter hieß es in dem Artikel, dass der Schoner *Julius Pringle* im Auftrag der Gesellschaft zu einer Schatzexpedition zur Kokosinsel aufgebrochen sei.

Es war der Anfang einer ganzen Serie von Berichterstattungen über die Expeditionen zur Kokosinsel, die zum Teil auch nach Europa vorgedrungen waren – aber nie wurden so viele Artikel über die Schatzjagden auf der Kokosinsel veröffentlicht wie in den 70er-Jahren des 19. Jahrhunderts, als Robert Louis Stevenson als Reporter in Kalifornien arbeitete. Erst seit 1869 gehört die Kokosinsel zu Costa Rica. Bis zu dieser Zeit war die Insel Niemandsland. Jeder konnte kommen und gehen, wie er wollte.

Nicht alle Journalisten nahmen die verbissenen Schatzjäger todernst: »Es scheint, dass die Jäger der Schätze der Kokosinsel nie müde werden. Die Geschichten der Scharlatane haben zu Torheiten von unvorstellbarem Ausmaß geführt. Alle haben sie ganz genau gewusst, wo der Schatz liegt, aber immer noch weigern sich die Höhlen der Kokosinsel, den Schatz zu zeigen. Sie behalten ihn, um uns herauszufordern.« Meldungen wie diese aus dem *San Francisco Daily Morning Call* vom 19. März 1872 sprachen für sich. Nachrichten über fruchtlose Schatzexpeditionen gehörten zum Tagesgeschäft.

Die kalifornische Schatzjäger-Gesellschaft finanzierte in diesen Jahren zahlreiche Expeditionen auf die Insel und suchte auch Investoren in Europa. Ob diese intensiven erfolglosen Schatzexpeditionen der Auslöser dafür waren, dass die costa-ricanische Regierung im Jahr 1879 eine Strafkolonie auf der Insel errichtete, ist nicht überliefert. Tatsache ist aber, dass in den Jahren 1879 bis 1882 Gefangene auf der Insel lebten und arbeiteten – und nach dem Schatz gruben? Dieser Umstand erinnerte mich wieder an Stevensons Roman, an die Figur des verrückten Ben Gunn, des flüchtigen Einsiedlers, der sich auf der Insel versteckt hielt. Auch auf der Kokosinsel trafen die Schatzjäger auf einsame, vielleicht flüchtige Gestalten, denn die Schatzexpeditionen gingen trotz der Strafkolonie weiter.

Robert Louis
Stevenson, 1888

Es war ein nebliger Septembermorgen, als ich mich nach meiner
Ankunft auf die Suche nach den Spuren des Schriftstellers und der
Schatzjäger machte. Prunkvolle Gebäude erinnerten an die Blütezeit der amerikanischen Westküste, die Geschichte des amerikanischen Goldrausches und der Einwanderer. Als Stevenson hier an-
kam, war San Francisco eine der modernsten Städte der Welt.

Stevenson quartierte sich unweit des Hafens in der Bush Street
ein. Ich brauchte eine Weile, um die Adresse zu finden. Ein kleines Messingschild erinnerte an den berühmten Bewohner vergangener Tage. Es prangte an einem der wenigen Häuser aus dieser

Zeit, die nicht dem Erdbeben im Jahr 1906 zum Opfer gefallen waren. Stevenson hatte sich in dem mehrstöckigen Haus als Pensionsgast eingemietet. Hier hatte er viel Zeit zum Nachdenken, Zeit, sich auf ein neues Leben an der Seite der zehn Jahre älteren Fanny Osbourne vorzubereiten.

Täglich ging er zum Hafen, zu Fisherman's Wharf und dem Pier 39. Die Seeleute brachten Neuigkeiten aus aller Welt; der Hafen war der Ort, um Informationen auszutauschen. Es war nicht weit zum Meer, ich folgte Stevensons Spuren von der Bush Street zu den Docks. Dort, wo er Menschen traf und Neuigkeiten, Tratsch und Geschichten aufschnappte, die sich später in seinen Romanen finden würden, wollte auch ich Eindrücke sammeln.

Als Erstes starrten mich zwei Piraten an, vor dem Eingang einer Spelunke. Mehr als mannshoch, mit Augenklappe und Hakenhand: zwei Pappmaschee-Figuren, die in einen Laden voller Piraten-Accessoires lockten und an die Zeit erinnerten, als diese zwielichtigen Seemänner in San Francisco ein- und ausgingen. Vorbei an den Piraten führte ein Weg zum historischen Hafen, in dem Schiffe genau wie zu Stevensons Zeiten schaukelten. Ich betrat den Schoner *Balclutha,* versuchte, mich in das Ende des 19. Jahrhunderts zu versetzen, und nahm mir die Kopie eines weiteren Zeitungsartikels vor, eines Berichts über die Expedition des Schoners *Vanderbilt.*

Am 12. April 1879 lichtete der Schoner seinen Anker im Hafen von San Francisco. Sein Ziel war die Kokosinsel, auf der Jagd nach dem legendären Schatz von Lima. Mehr als ein halbes Jahr später kehrte die Mannschaft völlig erschöpft nach erfolgloser Schatzsuche in die Heimat zurück. Am 2. November des Jahres 1879 erlitt die *Vanderbilt* vor Santa Barbara Schiffbruch, alle Passagiere und die Besatzung konnten gerettet werden. So meldete es der *San Francisco Call* wenige Tage später. Zu dieser Zeit weilte Stevenson bereits in Kalifornien – und wahrscheinlich berichtete er selbst über die Ereignisse auf der Kokosinsel.

Die Expedition war kein lokales Ereignis gewesen, sondern füllte auch die Schlagzeilen überregionaler Zeitungen. Sogar die *New York Times* widmete dieser Schatzjagd einen ausführlichen Artikel, der am 8. November 1879 erschien. In ihm wurde nicht nur über die Expedition des Schoners *Vanderbilt* berichtet, sondern noch über eine weitere erfolglose Schatzjagd, die des Dampfschiffs *Rescue*. Diese Expedition war schon einige Wochen vor dem Schoner *Vanderbilt* von einer Schatzsuche auf der Kokosinsel nach Kalifornien zurückgekehrt. Stevenson, der zwischen August und Dezember 1879 in Monterey an der kalifornischen Küste arbeitete, konnte die Geschichten um die geheimnisvolle costa-ricanische Schatzinsel fast täglich verfolgen und hatte aller Wahrscheinlichkeit nach auch einige selbst verfasst.

Der eigentliche Grund für Stevensons weite Reise nach Kalifornien war seine Geliebte Fanny Osbourne in Oakland. Wenige Wochen zuvor hatte der studierte Jurist und praktizierende Journalist ein Telegramm von Fanny erhalten, das ihn – entgegen aller Warnungen von Ärzten, Eltern und Freunden – zum sofortigen Aufbruch nach Kalifornien veranlasste. Eine beschwerliche Reise für den lungenkranken Schreiberling, erst über den Ozean und dann quer über den amerikanischen Kontinent.

Was in dem Telegramm stand, ist bis heute nicht bekannt. Es wird vermutet, dass Fanny, die er über ein Jahr nicht gesehen hatte, sich endlich scheiden lassen wollte. Doch davon war keine Rede mehr, als Louis – wie Fanny ihn nannte – vollkommen erschöpft vor ihrer Tür stand. Fanny war völlig überrumpelt. Sie hatten sich drei Jahre zuvor in einer Künstlerkolonie nahe Paris kennen und lieben gelernt, doch der Tod ihres jüngsten Sohnes hatte die Mutter von nunmehr nur noch zwei Kindern wieder in den Hafen der

Ehe getrieben. Obwohl sie alles für ihre Kinder getan hätte und niemand den Tod des kranken Jungen hätte abwenden können, machte Fanny sich schwere Vorwürfe. Die einst lebens- und abenteuerlustige Frau kehrte deprimiert nach Amerika zurück, an die Seite ihres unsteten und untreuen Ehemanns Sam.

Louis floh derweil in die Einsamkeit der Cevennen, um seinen Liebeskummer zu überwinden. Zurück in Schottland, brachte er seine Abenteuer als Reisebericht zu Papier. Stevenson war damals als Autor immerhin schon so etabliert, dass er einen Verlag fand, der sein Werk veröffentlichte, von einem Erfolg konnte allerdings noch keine Rede sein. Das Buch erregte damals keine größere Aufmerksamkeit und versprach schon gar keine Reichtümer. Von seinen Honoraren hätte Stevenson nicht leben können. Mit 29 Jahren war er immer noch finanziell auf seine Eltern angewiesen.

Doch das Telegramm aus Kalifornien führte zu einer Wende in Robert Louis Stevensons Leben – und dazu, dass das verwöhnte Einzelkind einer wohlhabenden Familie wenig später mittellos und dem Tode nahe in den Straßen von Monterey stand. Es war das erste Mal, dass er keine Unterstützung von der Familie erhalten hatte. Er hätte keinen schlechteren Zeitpunkt für die Reise wählen können. Auch die einst vor Gesundheit strotzende Fanny war ernsthaft krank, die Ärzte hatten Diphterie diagnostiziert.

Monterey, die damalige Hauptstadt der Walfänger an der amerikanischen Westküste, war auch der Ort, in dem sich der Schotte James Alexander Forbes mehr als ein halbes Jahrhundert zuvor zunächst niedergelassen hatte. Und nun war sie zum Ziel von Robert Louis Stevenson geworden, der trotz seiner Krankheit auf die lange und mühsame Reise außergewöhnliches und schweres Gepäck mitnahm. Das berichtete zumindest rückblickend die *New York Times,* als Stevenson drei Jahre später als reicher und berühmter Autor in die Staaten zurückkehrte – dank der *Schatzinsel:* »Herr Stevenson fuhr 1879 in einem Emigranten-Zug den langen Weg von der amerikanischen Ostküste an die Westküste, obwohl sein Gesundheitszustand sehr schlecht war. Der schlaueste und originellste Schriftsteller unserer Zeit war damals noch lange nicht so bekannt wie heute ... Herr Stevenson führte sehr merkwürdiges Gepäck mit sich: die komplette Ausgabe von Bancroft über die Geschichte der Vereinigten Staaten ...«

George Bancroft hatte immerhin zehn schwere Bände veröffentlicht, die auch die Geschichte von James Alexander Forbes erzählten, der noch immer in der Nähe von Monterey lebte. Auch Julian Weston hatte sich bei seinen Recherchen über Forbes an Bancrofts Werke gehalten und war zu dem Schluss gekommen, dass James Alexander Forbes eindeutig der Maat der *Mary Dear* gewesen sein musste.

Forbes starb erst im Mai 1881, zwei Jahre, nachdem Stevenson schwer beladen Monterey erreicht hatte. Mit seinen riesigen Koffern erregte er die Aufmerksamkeit der Bewohner und wurde zunächst für einen kranken Straßenmusiker gehalten. Obwohl Stevenson schnell klarstellte, dass sich in seinen Koffern keine Musikinstrumente, sondern Bücher befanden, kam er bei Farmern unter, die ihn so weit gesund pflegten, dass er einen Job bei der Zeitung annehmen und ein Zimmer in einer Pension mieten konnte.

Ein halbes Jahr lebte und arbeitete Stevenson in Monterey, bis es Herbst wurde und die Kälte in sein Zimmer kroch. Die Krankheit übermannte ihn wieder, und er war dem Tode näher als dem Leben. Fanny, die es wohl kaum verwunden hätte, noch einmal einen geliebten Menschen an eine Krankheit zu verlieren, kümmerte sich hingebungsvoll um ihn.

»Sie war es, die ihn gesund pflegte, und das war auch der Moment, in dem sie sich entschied, Robert Louis Stevenson zu heiraten«, erzählte mir später Ed Reynolds, der Direktor des Silverado-

Museums in St. Helena, Kalifornien, das sich ausschließlich mit dem Schriftsteller befasst.

Mich fröstelte an der zugigen Reling der *Balclutha*. Wie musste es erst im Dezember gewesen sein, als Stevenson nach San Francisco kam und viel Zeit am Hafen verbrachte? Wahrscheinlich hatten die Kneipen den Schriftsteller in den Hafen gelockt. Ich dachte an Westons Buch und seine Beschreibung von Harry White's Bar, die vor dem großen Erdbeben 1906 hier irgendwo gewesen sein musste. Dort sollte Stevenson Peg Leg Benton getroffen und den Geschichten von den Schätzen auf der Kokosinsel gelauscht haben.

Der Frühling veränderte den Alltag des Schriftstellers und brachte ihn und Fanny endlich vor den Traualtar. Die Hochzeitsreise wurde jedoch zum Kuraufenthalt, der Gesundheitszustand der Liebenden war noch immer instabil. Im nahe gelegenen Napa Valley mieteten sie sich in dem Kurort Calistoga ein. Dort gab es eine heiße Quelle, den Old Faithful Geyser, der in regelmäßigen Abständen, etwa alle vierzig Minuten, in einer mindestens zehn Meter hohen Fontäne mit gewaltigem Druck aus dem Boden schoss. Das heiße, heilende Wasser wussten schon die Ureinwohner des Kontinents zu schätzen. Und im 19. Jahrhundert lockte die Quelle die Erholung suchenden Reichen aus San Francisco an.

»Es ist schwierig für einen Europäer, sich Calistoga vorzustellen. Der ganze Ort ist so neu und scheint so zufällig angeordnet. Der Name, habe ich gehört, wurde bei einer Party erfunden, von dem Mann, der den Ort gründete.« Mit dieser offensichtlichen Verwunderung kommentierte Stevenson seine Ankunft in Calistoga. Die Stevensons bezogen ein schönes kleines Haus im viktorianischen Stil in dem kleinen, aber mondänen und damals sehr modernen Kurort. Louis hatte jetzt eine eigene kleine Familie. Fannys Sohn Lloyd war stets dabei, wenn sie umherzogen, ihre Tochter

Belle führte bereits ihr eigenes Leben. Das Sommerhaus fand ich in einer kleinen Seitenstraße nahe des Ortskerns. Eine kleine Gedenktafel erinnerte an das kurze Verweilen des Schriftstellers und seiner Familie in diesem Haus, das sie gerne noch länger bewohnt hätten.

Doch Stevensons Einkommen reichte nicht für den mondänen Lebensstil, den Fanny und er gerne führten und gewohnt waren. Nach kurzer Zeit konnte der Schriftsteller die Miete für das Sommerhaus nicht mehr aufbringen. Freunde vermittelten ihm ein altes, verlassenes Holzhaus einstiger Minenarbeiter. Es lag einige Kilometer entfernt, völlig einsam und verlassen, auf dem Berg St. Helena, zu dessen Füßen sich der Kurort erstreckte.

Zwei Mal fuhr ich an dem abgelegenen Waldparkplatz auf dem nahen Berg vorbei, bis ich in einer Kurve den winzigen Hinweis auf den Robert Louis Stevenson State Park fand. Dem Schriftsteller war ein eigenes Naturschutzgebiet gewidmet, das aber allem Anschein nach kein sonderliches Interesse hervorrief. Obwohl in dem nur wenige Meilen entfernten Kurort kein einziges Zimmer mehr frei war, hatte sich außer mir niemand in den Stevenson-Park verirrt. Der Wald war so einsam wie zu Zeiten des Schriftstellers. Ein kleiner Weg – der Stevenson Trail – führte durch einen dichten Kiefern- und Lorbeerwald den steilen Berg hinauf. Ich folgte dem Pfad bis zu einer kleinen Lichtung und atmete die schwere, feuchte Bergluft ein, die etwas exotischer roch als unsere heimischen Wälder. »Bei Sonnenaufgang und dann wieder spät in der Nacht erfüllt der süße Duft von Lorbeerbäumen den Canyon.« Mit diesen Worten beschrieb Robert Louis Stevenson das sinnliche Dufterlebnis auf dem Berg. Ich hatte inzwischen genau die Stelle erreicht, wo einst die Familie Stevenson einen ganzen Sommer in einer Hütte verbracht hatte. Es musste ein sehr abenteuerliches Jahr in der Wildnis gewesen sein: mindestens einen Tagesmarsch von der nächsten

Ortschaft entfernt, kein Strom, kein fließend Wasser – inmitten eines dunklen Waldes.

Sie vertrieben sich die Zeit mit Piratengeschichten, erzählte mir später Ed Reynolds, in dessen Museum auch ein kleines Modell der Holzhütte zu sehen ist. Lloyd, Fannys Sohn, berichtete Reynolds weiter, konnte nicht genug davon hören, und Louis eroberte damit das Herz des Jungen.

Auf dem Berg selbst war keine Spur mehr von der Hütte zu sehen, nur ein kleines Denkmal erinnerte dort an den Schriftsteller. Wenn ich die Modell-Hütte im Museum und die tatsächliche Umgebung auf dem Mount St. Helena aus dem Gedächtnis skizzieren sollte, würde nicht viel anderes dabei herauskommen als die Hütte und die Nadelbäume drum herum, die mir später noch auf einer Schatzinsel-Skizze von Stevensons Hand begegnen sollten.

»Als er hier lebte, hat er alles, was er sah und hörte, aufgesaugt wie ein Schwamm, und es dann in seiner *Schatzinsel* verarbeitet«, erklärte Ed Reynolds auf meine Frage, ob Stevenson möglicherweise die Vegetation und die Hütte selbst in die Beschreibungen in seinem berühmten Roman hatte einfließen lassen. Auch für Reynolds bestand kein Zweifel daran, dass Stevensons *Schatzinsel* in Kalifornien ihren Anfang nahm.

Begonnen hatte der Schriftsteller den Abenteuerroman allerdings erst nach seiner Rückkehr nach Schottland. Nachdem ihm das karge Bergleben im kalifornischen Napa Valley zwar viel Freude, aber wenig Gesundheit gebracht hatte, holten ihn seine Eltern zurück in die Heimat, versöhnten sich mit dem verlorenen Sohn und akzeptierten und unterstützten endlich auch Fanny, Bell und Lloyd.

Erneut musste der kranke Mann die wochenlange Reise über den Kontinent und den Atlantik antreten. Viel Zeit, in der sich Eindrücke und Recherchen im Kopf des Dichters zu einer Geschichte verweben konnten, die er später zu Papier bringen würde – fern vom sonnigen Kalifornien und von der einsamen Berghütte, zurück im nebligen Schottland, in einer mittelalterlichen Stadt.

Es konnte unmöglich sein, dass Stevenson seine Geschichten, Gedichte und Romane unbeeinflusst von der Atmosphäre seiner Heimatstadt geschrieben hatte – und das traf zweifellos auch auf *Die Schatzinsel* zu. Da ich mir vorgenommen hatte, die Entstehungsgeschichte des Romans im Ganzen zu begreifen, war es unausweichlich, dass ich auch diesen Spuren folgen musste. So begab ich mich wenige Wochen nach meiner Rückkehr aus Kalifornien auf die Reise nach Schottland, nach Edinburgh – in das Elternhaus von Robert Louis Stevenson.

Es war nicht schwer, das Haus der Stevensons in Edinburgh zu finden, ein Eintrag im Computersuchsystem genügte. Die achtköpfige Familie Macfie wohnte heute in dem Anfang des 19. Jahrhunderts errichteten Haus und ließ den Geist des Dichters weiterleben. Ein paar Zimmer vermieteten sie als Frühstückspension. Ich quartierte mich ein paar Tage in dem Haus ein und fühlte mich dem Dichter seltsam nahe. Vor allem, als ich mit der ganzen Familie Macfie vor dem Kamin saß, demselben, vor dem sich auch Stevenson mit seiner Familie täglich versammelte, um ihnen das neueste Kapitel aus seiner *Schatzinsel,* die damals noch *Der Schiffskoch* hieß, vorzutragen, genau wie es Familienvater John Macfie jetzt noch gerne tat.

»Als Kind habe ich natürlich die *Schatzinsel* gelesen. Es ist ein wunderschönes Buch zum laut Vorlesen. Am besten abends im Winter, wenn die Kinder um einen herumsitzen, der Wind die Fensterläden schüttelt und man das Gefühl bekommt, mit Jim Hawkins mitten in einem Abenteuer zu stecken«, schwärmte der Schotte.

Die Abende vor dem Kamin waren nicht das Einzige, was den

jetzigen Besitzer der Heriot Row 17 mit dem Schriftsteller verband. Genau wie Robert Louis Stevenson hatte auch John Macfie in Edinburgh Jura studiert. Ein Fach, das tiefe Einblicke in die schottische Kriminalgeschichte gewährt – auch in die Geschichte der schottischen Freibeuter und Piraten, von Männern, die am Galgen oder im Schlossverlies endeten. Stevenson interessierte sich vermutlich mehr für die Kriminalfälle an sich und die Psychologie der Täter als für die praktische Arbeit der Juristen. Ein Fall soll ihn besonders fasziniert haben: jener von Captain William Kidd.

Dem berühmten schottischen Freibeuter war als einzigem Piraten ein ordentlicher Prozess gemacht worden. Er wurde vor dem Englischen Unterhaus angeklagt und 1701 zum Tode verurteilt: Gehängt, geteert, gefedert und öffentlich zur Schau gestellt, so lautete das Urteil. Der Legende zufolge war zwei Mal das Seil gerissen, an dem er aufgehängt werden sollte; erst das dritte sollte das Werk beenden. Unter den Schöffen, die das Todesurteil fällten: Edward Davis, der Freibeuter, der mit dem Naturforscher Dr. Lionel Wafer und William Dampier durch die Südsee gesegelt war. Der Pirat, der im Namen der englischen Krone vor der südamerikanischen Küste zahlreiche Schiffe geplündert und deren Schätze auf der Kokosinsel versteckt hatte.

Als König William III. von England allen landestreuen Piraten Amnestie offeriert hatte, war Davis um das Kap Hoorn nach Jamaika gesegelt und dort mit offenen Armen empfangen worden. Vizegouverneur auf Jamaika, genauer in Port Royal, war in diesen Tagen Henry Morgan, der inzwischen in den Adelsstand erhoben worden war.

Auch William Kidd erhoffte sich eine solche Karriere. Die Chancen standen gut. Er hatte ausschließlich der englischen Krone gedient und nur Schiffe geplündert, die er in ihrem Namen erobern durfte – bis auf ein Missgeschick, bei dem ein englisches

Schiff angeblich die falsche Fahne gehisst hatte. Kidd machte sich keine Sorgen. Er dachte an seine Frau und seine Kinder und freute sich auf ein sorgenfreies Leben, vielleicht als Gouverneur einer Kolonie. Doch der womöglich treueste und ehrlichste unter den Freibeutern sollte sich täuschen. In New York wurde Kidd verhaftet und in Ketten nach England gebracht. Edward Davis klagte den reuigen Heimkehrer erbarmungslos an. Es half nichts, dass Kidd in seiner Not anbot, die Koordinaten seines Schatzversteckes preiszugeben. Seine Leiche hing zwei Jahre in einem Käfig über der Themse, als Mahnmal für alle Piraten.

Warum Kidd der einzige Pirat blieb, dem ein ordentlicher Prozess vor dem Unterhaus gemacht wurde, ist nicht überliefert. Dass Captain Edward Davis kein halbes Jahr nach Kidds Tod wie vom Erdboden verschluckt war und nie wieder gesehen wurde, hingegen schon. Ob er die Jagd nach Kidds Piratengold aufgenommen hatte oder nur seine eigene Haut retten wollte, bleibt offen. Die Legende von Kidds immensen Schätzen ging jedoch in die Geschichte ein und gehörte mit Sicherheit zu Stevensons Zeit zu den spannendsten Gerichtsunterlagen. Nach Kidds Vorbild schuf Stevenson seine Figur Captain Flint, den Piraten-Kapitän, vor dem die Mannschaft noch Jahre nach seinem Tod zitterte, den Hüter des Schatzes in einer Höhle auf der Schatzinsel.

Kurz vor seinem Tod verriet Kidd – in der Hoffnung auf Begnadigung –, dass der Schatz in einer Höhle auf einer entlegenen Insel lag. Er gab außerdem noch preis, dass er das geplünderte Schiff in der Karibik versenkt hatte, bevor er in die Heimat aufgebrochen war.

Als mögliche Schatzinseln von William Kidd wurden immer wieder Oak Island in Nova Scotia, Kanada, Gardener's Island vor der amerikanischen Ostküste und die Kokosinsel genannt. Nach kaum einem Schatz wurde so intensiv gesucht wie nach Kidds Pira-

»William Kidd
vergräbt seinen Schatz
auf Oak Island.«

tengold – außerdem suchte man nach der *Quedagh Merchant,* dem
letzten Schiff, das Kidd gekapert hatte.

Gut 300 Jahre nach den Ereignissen, die zu Kidds Verurteilung
führten, wurde das Wrack nur 25 Meter vor der Küste der Insel Ca-
talina, zur Dominikanischen Republik gehörig, gefunden. Für die
Archäologen, welche die Überreste der *Quedagh Merchant* im Dezember 2007 entdeckten, war es ein Wunder, dass eines der meistge-
suchten Wracks erst nach so vielen Jahrhunderten gefunden wurde.
Für mich war diese Meldung eine Sensation und eine Bestätigung
dafür, dass es überhaupt nichts zu bedeuten hatte, dass der große
Schatz von Lima bisher noch nicht entdeckt worden war.

Aber noch etwas zog meine Aufmerksamkeit auf sich: Kidds Schiff versank vor der Dominikanischen Republik, Hispaniola, wie die Insel zu Captain Kidds Zeiten hieß. *Hispaniola* hieß auch das Schiff, mit dem die Helden von Stevensons *Schatzinsel* auf die Jagd nach dem Piratengold gingen. Möglicherweise hatte Stevenson geahnt, dass die *Quedagh Merchant* vor Hispaniola lag. Versenkt von dem später zum Tode verurteilten Piraten William Kidd, der nach Meinung des Historikers Richard Zacks gar kein Pirat war, sondern wie viele andere auch im Namen der Krone raubte. Waren es diese zwielichtigen Charaktere, die sowohl geadelt als auch getadelt wurden – für ein und dieselbe Tat –, war es diese Nähe von Gut und Böse, die Stevenson an den Piratengeschichten besonders faszinierte? So lässt er den Piraten Long John Silver dann auch mit einem kleinen Teil des Schatzes fliehen – genau wie der Neufundländer John Keating mit einem kleinen Teil die Schatzinsel verlassen konnte. Auch das konnte Robert Louis Stevenson wissen, als er an einigen dunklen, windigen Winterabenden mit den ersten Kapiteln der *Schatzinsel* begann.

Und er wusste noch etwas anderes: dass Admiral Benbow ein Zeitgenosse von Captain Kidd war, bei seinen wilden Feldzügen gegen Piraten und Spanier ein Bein verlor und wenig später an den Folgen seiner Verletzung in Port Royal, Jamaika, starb. Stevenson nannte das Heim seiner Hauptfigur in der *Schatzinsel,* das Heim von Jim Hawkins und seiner Mutter, Admiral Benbow. Es war ein Gasthaus mit Fremdenzimmern, genau wie das Hawes Inn etwas außerhalb von Stevensons Heimatstadt Edinburgh. Oft sei er hier gewesen und habe immer dasselbe Zimmer gemietet mit Blick auf die Küste, erzählte mir die Gastwirtin, während sie mich in den ersten Stock führte und mir »Stevensons Zimmer« aufschloss.

»Es gibt Orte, die nach einer Szene förmlich schreien. Beispielsweise neblige Gärten sind die perfekten Orte für einen Mord, einige alte Häuser sind prädestiniert für eine Geisterhausszene, und es gibt Küstenabschnitte, die man sofort mit einem Wrack in Verbindung bringt. Auch von dem Old Hawes Inn bei Queen's Ferry – vor den Toren von Edinburgh – geht für mich eine besondere Stimmung aus. Es muss eine Geschichte geben – nicht bestätigt oder unvollständig –, welche die besondere Bedeutung dieses Ortes wiedergibt.«

Mit diesen Worten beschrieb Stevenson seine Lieblingsherberge, in der er sehr viel Zeit verbrachte und auch viel schrieb. Ganz allgemein hielt er sich lieber in verruchten Kneipen als in staubigen Hörsälen auf. Für ihn waren Bars Orte der Inspiration. Ein paar Kneipen aus Stevensons Zeit existieren noch heute und schmücken sich mit den Geschichten, die er dort schrieb oder die ihn inspirierten, wie der Pub Deacon Brodie, benannt nach einem berühmten Verbrecher des 18. Jahrhunderts, der tagsüber ein tadelloses Leben führte und nachts zu einem brutalen Räuber mutierte. Wieder eine authentische Geschichte, die Stevenson zu einem berühmten Roman inspirierte: *Dr. Jekyll und Mr. Hyde.* Ich setzte mich in den überfüllten Pub, las die Hintergrundgeschichte des Verbrechers Brodie, der so gar nichts mit der Schatzinsel zu tun hatte, und grübelte darüber nach, ob es einen einzigen Roman von Stevenson gab, der kein reales Vorbild hatte.

Brodie hatte den Schriftsteller nicht erst während des Studiums und später beim Schreiben von *Dr. Jekyll und Mr. Hyde* beschäftigt. Er war ihm von frühester Kindheit an vertraut, denn er hatte sich quasi in das Haus der Stevensons geschlichen. Robert Louis Stevensons Vater besaß ein Möbelstück von Brodie und hatte dem begierig lauschenden jungen Robert Louis schon früh die Geschichte von dem Mann mit den zwei Gesichtern erzählt. Damals konnte der Vater natürlich noch nicht ahnen, was für eine Laufbahn sein Sohn einschlagen würde.

Eigentlich sollte Robert Louis als einziger Nachkomme der Stevensons in die Fußstapfen seines Vaters treten und Leuchttürme
konstruieren. Doch er war schon als Kind schwer lungenkrank
und der Beruf zu anstrengend für ihn. Trotzdem setzte sich der Vater durch, und Robert Louis nahm das Ingenieurstudium auf. In
den Sommerferien musste er als Praktikant auf den Baustellen des
Familienbetriebs arbeiten. Das war nichts für den stets kränkelnden Robert Louis. Aber das Schlimmste, was er damals erlebte, war
der Bau des Leuchtturms von Dubh Artach. Das mörderische Riff
lag mitten im Atlantik und war ständig gewaltigen Brechern und
unberechenbaren Unwettern ausgesetzt. Diese Erfahrung war für
den damals zwanzigjährigen Robert Louis so traumatisch, dass er
das Studium sofort beendete und eine heftige Familienkrise auslöste. Er wollte bereits damals die Literatur zu seinem Beruf machen, doch das ging dem Vater eindeutig zu weit. Wenn der Sohn
schon nicht in den renommierten Familienbetrieb einsteigen
wollte, dann sollte er wenigstens einen anständigen Beruf erlernen.
Man einigte sich auf Jura.

Aber die Ausflüge zu den abgelegenen, von Wellen umtosten
Baustellen hatten sich tief in das Gedächtnis des Dichters gegraben. Diese von Gischt umgebenen einsamen Orte konnte niemand
so farbig und schillernd beschreiben, der etwas Derartiges nicht
selbst erlebt hatte. Ich musste an die detaillierte Schilderung des
vom Sturm gebeutelten Admiral Benbow in Stevensons *Schatzinsel* denken.

Es war inzwischen fast dunkel geworden. Ich ging auf Stevensons Spuren von der Altstadt, wo die Universität und die Kneipen
lagen, zur gegenüberliegenden Neustadt, die Anfang des 19. Jahrhunderts für die wohlhabenden Edinburgher Bürger gebaut worden war, zu denen auch die Stevensons gehörten. Die Laternen an
den Straßenrändern der mittelalterlichen Altstadt gingen an, die

Lichter der Nacht, die Stevenson so geliebt hatte und die in vielen seiner Gedichte und Romane einen Platz gefunden hatten.

Die Tür der Heriot Row 17 war bereits geöffnet, als ich dort am Abend wieder eintraf. Felicitas Macfie hatte mich im Schein der Laterne kommen sehen – der Laterne, die Stevenson besonders viel bedeutet hatte, die er als kleines Kind allabendlich beobachtet hatte, bis der Laternenanzünder kam, um sie zu erleuchten. Felicitas ältester Sohn kannte das Gedicht auswendig, das Stevenson viele Jahre später dem Laternenanzünder gewidmet hatte. Die deutsche Übersetzung lautete etwa so:

»Wir sind so glücklich mit der Laterne vor dem Tor

Und Leerie zündet sie an – er hat noch viel vor.

Bevor Du weitereilst mit Leiter und mit Licht,

O Leerie, sieh das Kind und wink ihm zu, aus dieser Sicht.«

Es gab viel Inspirierendes in Edinburgh für einen Dichter und Denker, doch das Licht der Sterne und die Atmosphäre geheimnisvoller Wälder, Felsen, Berge und Höhlen ließen sich schwer in den nebligen Gassen der mittelalterlichen Stadt erspüren.

Nachdem die ersten Kapitel der *Schatzinsel* wie von selbst aus Stevensons Feder geflossen waren, versiegte die Fantasie des Schriftstellers in dem Maße, wie seine Gesundheit sich verschlechterte. Die junge Familie Stevenson entschied, den Winter nicht im feuchtkalten Schottland zu verbringen, sondern in den Schweizer Luftkurort Davos zu fahren, der damals schon für seine heilende Wirkung bei Lungenkrankheiten bekannt war.

Ich setzte mich an den antiken Schreibtisch im Stevenson-Haus – es musste genau der Platz sein, an dem der Dichter täglich an dem *Schatzinsel*-Manuskript gesessen hatte – und versuchte, mich in seine Situation zu versetzen. Ich kam zu dem Schluss, dass es wahrscheinlich nicht an seiner Krankheit lag, dass die Geschichte stagnierte – es fehlte wohl eher die Inspiration von außen. Ich wusste, dass Davos der Ort war, an dem Stevenson tatsächlich die *Schatz-insel* beendete. Auch Thomas Mann hatte sich später von diesem Ort anregen lassen und den *Zauberberg* verfasst. Was gab es in Davos, das nicht nur Stevensons Körper heilte, sondern auch seinen Geist inspirierte? Und wieder sah ich keinen anderen Weg zu einer Antwort, als den Fußstapfen des Dichters zu folgen.

Während ich mich mit dem Auto in wenigen Stunden Davos näherte, dachte ich an die mühevollen Wochen, die der kranke Dichter auf sich nehmen musste, um zu diesem entlegenen Ziel zu kommen. Stevenson musste tagelang mit dem Zug, dem Schiff und der Kutsche reisen, bis er und seine Familie den Kurort endlich erreichten. Im Hotel Belvedere, mit Blick über die Stadt und auf die Berge, umgeben von gesunder, kühler, trockener Bergluft, sollte sich Stevenson erholen.

Genau dort, im heutigen Waldhotel, stieg auch ich ab. Das oberste Stockwerk war komplett saniert und mit einem Panoramafenster ausgestattet, das zu einer ausladenden Terrasse führte. Die darauf verteilten Liegen erinnerten an Stevensons Zeit. Eine Zeichnung zeigte die Kranken von damals auf den Liegen, bis zum Hals in dicke Decken eingehüllt und den Körper nach der Sonne ausgerichtet. Stundenlang mussten sie so verharren und die heilende Bergluft einatmen. Trotz der grandiosen Aussicht auf die Bergwelt musste das dem Dichter schwergefallen sein. Doch die Wirkung der Liegekur war überzeugend.

Nach einem Monat hatte sich Stevensons Gesundheitszustand wesentlich verbessert. Er wäre sicher noch schneller genesen, wenn er endlich ein Laster aufgegeben hätte: das Rauchen. Das erzählte mir die Historikerin Rita Koch, während wir den gleichen Ausblick wie einst Stevenson genossen. Bis zuletzt hatte der lungenkranke Schriftsteller nicht vom Tabak lassen können, genau wie seine Frau Fanny, deren Fingerfertigkeit beim Zigarettendrehen er gerne beschrieb. Ein Bild von dem kranken Mann mit einem Stift in der Hand, der auch gut eine Zigarette sein könnte, zierte den Gang des heutigen Waldhotels. Ein karges, historisch eingerichtetes Zimmer in dem Luxushotel erinnerte an die frühen, asketischen Zeiten des Luftkurorts. Nichts für die lebenshungrige Fanny, die mit ihrem Sohn bald nach Paris reiste. Stevenson folgte ihr, sobald sein Gesundheitszustand es erlaubte; der Abschluss der *Schatzinsel* war wieder einmal aufgeschoben. Zurück in Schottland, fand er einen Verleger für die ersten Kapitel, die er in Form eines Episodenromans unter einem Pseudonym veröffentlichte.

Erst der zweite Winter in Davos sollte die Inspiration bringen, die zur Vollendung der *Schatzinsel* führte. Die Familie mietete sich diesmal ein Haus, das »Haus am Stein« gegenüber dem Sanatorium, mit dabei: ein neues Familienmitglied, der Hund »Woggy«. Hier führte Stevenson eher das Leben eines Familienvaters im Winterurlaub. Auch am gesellschaftlichen Leben nahmen die Stevensons teil und fanden schnell einen interessanten Bekanntenkreis. In einem Brief an seine Mutter schrieb er: »Ganz Davos trinkt meine Weinvorräte leer.«

Es müssen illustre Abende gewesen sein, welche die Stevensons im »Haus am Stein« verbrachten, im Kreis von Intellektuellen, Dichtern und Denkern. Während ich mir die Runde vorstellte und in der Bibliothek von Davos alte Fotos und Artikel studierte, entdeckte ich ein Buch, direkt neben einer alten *Schatzinsel*-Ausgabe: *The Voyage of the Herman.* Ich wusste, dass das Buch irgendetwas mit der Schatzinsel zu tun hatte, und nahm es heraus.

Schon im Vorwort konzentrierte sich der Autor auf San Francisco, die Kokosinsel und den Kirchenschatz von Lima. Auf Seite 12 fand ich einen Hinweis auf Lord Cochrane, den Limaschatz und die *Black Witch,* ein Schiff aus Massachusetts. Der Kommandeur der *Black Witch,* Captain Henry Smith, wartete schon im Hafen von Callao auf den Rebellenführer Lord Thomas Cochrane. Es war der 18. August 1821, der Tag, an dem Cochrane folgende Worte in sein Tagebuch schrieb, auf die ich schon Jahre zuvor im Zuge meiner Recherchen bei Weston gestoßen war: »Die Spanier gehen heute ein und aus im Fort von Callao, unermüdlich bringen sie ihre unermesslichen Reichtümer ...« Viele Jahre später sei dann ein Captain James Brown mit dem Schiff *Herman* von San Francisco aus auf Schatzjagd gegangen. Eine Geschichte, die ich in zahlreichen Varianten bereits gehört hatte, aber was machte sie in Davos?

Ich dachte noch einmal an Stevensons illustre Runde der Dichter und Denker in Davos und sah ganz deutlich Wände voller Bücher und Tische voller Zeitungen vor mir. Was war es, das plötzlich die Wende brachte und Stevensons Fantasie so weit beflügelte, dass er im Handumdrehen die letzten sieben Kapitel der *Schatzinsel* fertig schreiben konnte? Ein Kapitel pro Tag hatte er angeblich geschrieben, nachdem ihm wochenlang zu dem Thema nichts mehr eingefallen war. Das war im Winter 1881/82 gewesen. Was war in dieser Zeit passiert? Ich überlegte, bis es mir wieder einfiel: das Vermächtnis von John Keating!

»Auf der Karte findest du die Nummer 1, das bedeutet Höhle. Der Höhleneingang befindet sich über der Erde, nicht in der Erde. Das Gras wächst dort sehr hoch. Wenn du da stehst, kannst du den Eingang nicht sehen.‹ Ich stand dort eine ganze Weile, bis ich den Zugang gefunden hatte. Ich musste mich mit dem Rücken ziemlich lange gegen die Tür gelehnt haben, bis ich merkte, dass das der Zugang war. Ich schob den Stein zur Seite und entnahm dem Schatz 1300 Pfund Sterling, die ich in meinen Kleidern versteckte, dann schob ich den Stein wieder zurück. Es war niemand bei mir. Ich war an dem Tag alleine unterwegs gewesen. Niemand wusste, dass ich den Schatz gefunden hatte. Hätte es sich anders verhalten, wäre mein Leben in großer Gefahr gewesen. Die Mannschaft hatte gedroht, mich umzubringen, wenn ich den Schatz nicht ehrlich mit ihr teilen würde. Deshalb beschloss ich, alles für mich zu behalten und nur einen kleinen Teil zu holen. Die Nummer 2 auf der Karte ist ein Platz namens Morgan's Point. Dort liegt ein Schatz im Wert von ungefähr fünf Millionen Dollar – und in der Nähe des Flusses von Anchorage Bay sind drei Pötte mit Golddukaten vergraben. Ich konnte sie nicht mehr bergen. Das ist alles, was ich sagen kann, so wahr mir Gott helfe.«

Mit diesen Worten schloss John Keating sein Vermächtnis. Schon bevor er im August 1882 starb, ging sein Fall durch die Presse. Er hatte sein Geheimnis bereits Nicholas Fitzgerald anvertraut und diesem auch gesagt, dass er schuld an Boags Tod sei. Fitzgerald traute ihm nicht, und er war nicht der Einzige. 1880 brach Keating ein letztes Mal zu einer Schatzinsel-Expedition auf, bei der es wieder Tote gab. Der Fall Boag wurde erneut aufgerollt und in den Zeitungen ausführlich behandelt – und Robert Louis Stevensons Hund hieß fortan nicht mehr Woggy, sondern Boagy.

Die Geschichte war da, Stevenson musste sie nur noch in die richtigen Worte fassen, und dafür brauchte er die Inspiration der Natur. Er liebte den Schnee und das Schlittenfahren, vor allem nächtliches Rodeln vom »Schatzberg«. Ob der Schatzberg vielleicht erst nach Robert Louis Stevenson so genannt wurde, konnte ich nicht herausfinden, aber der Weg, der hinter dem früheren Sanatorium und heutigen Waldhotel den Berg hinaufführte, erinnerte mich ein wenig an den einsamen Pfad zu Stevensons Berghütte in Kalifornien. Und genau wie der Weg zum Mount St. Helena endete auch dieser auf einer Bergkuppe, die den Blick auf ein unglaubliches Panorama freigab. Ich musste an Spyglass Hill, den höchsten Berg auf Stevensons Schatzinsel, denken.

Die Nächte unter dem Sternenhimmel mussten Stevenson jedenfalls so beflügelt haben, dass er sein Werk in Rekordgeschwindigkeit zu Ende brachte. Auch dieser zweite Teil der *Schatzinsel* wurde zunächst unter dem Titel *The Sea Cook* in dem Journal *Young Folks* als Fortsetzungsroman abgedruckt. Die Kolumnen erschienen unter dem Pseudonym Captain George North, weil der Journalist Robert Louis Stevenson sich nicht traute, eine solch abenteuerliche Geschichte unter seinem eigenen Namen zu veröffentlichen. Doch der Absatz der Hefte war so gigantisch, dass Stevensons Verlag umgehend reagierte. Sein Lektor James Henderson änderte den Titel in *Treasure Island* und brachte das Werk 1883 in gebundener Form und unter Robert Louis Stevensons richtigem Namen heraus. Stevenson wurde fast über Nacht berühmt.

Als er im Erscheinungsjahr der *Schatzinsel* die Vereinigten Staaten bereiste, war dies der *New York Times* bereits eine Meldung wert. Der Reporter recherchierte auch Stevensons Vergangenheit und berichtete, dass er sich bei seiner ersten Reise im Jahr 1879 nach Kalifornien regelmäßig mit einem Franzosen, zwei Portugiesen, einem Italiener, einem Chinesen und gelegentlich mit einem Deutschen getroffen habe. War dieser Deutsche August Gissler? Und waren die anderen Literaten oder Piraten?

Stevenson wusste über die Schätze auf der Kokosinsel genau Bescheid, doch sein Lebensziel war es gewesen, ein angesehener und berühmter Schriftsteller zu werden – und das hatte er zweifelsohne erreicht. Danach wandte er sich ganz anderen Themen zu und sollte später als reicher Mann sein Glück in Samoa finden.

Stevensons Spur führt zum Schatz

Miami, September 2007

Versonnen blickte ich auf die Handskizze von Robert Louis Stevenson, die über Umwege in Lauxmanns Archiv gelandet war. Zwei Tage in einem Archiv können eine lange Zeit sein, wenn sich ganze Lebensgeschichten vor einem ausbreiten und die eigene sich wie ein Film vor dem inneren Auge abspielt. Viel Zeit blieb mir nicht mehr. Auch Eliette Lauxmann hatte Termine und wollte das Archiv nicht allzu lange geöffnet lassen. Zu sehr klaffte noch die Wunde in ihrer Seele, die der plötzliche Tod des geliebten Schatzjägers ihr zugefügt hatte. Mit dem Archiv wollte sie auch ihre Trauer für eine Weile – so gut es ging – wegschließen.

Mit dem Zeitdruck im Nacken studierte ich noch einmal intensiv alle Unterlagen und Schatzkarten, die vor mir lagen. Mein Blick fokussierte sich auf die Berge des 24 Quadratkilometer großen Eilands – Berge, die auf dem Festland wenig Beachtung fänden oder kaum als solche bezeichnet würden. Doch in der Ebene des Pazifiks ragt auch ein knapp 600 Meter hoher Berg heraus wie eine

Kirchturmspitze. Eine Assoziation, die mir nicht mehr aus dem Kopf ging: Cerro Iglesias – Kirchberg – heiliger Berg – Schatzberg – Kirchenschatz.

Doch der Berg hieß nicht immer so. Bevor die höchste Erhebung von Kokos zum Kirchberg wurde, hieß sie Observation Hill. Der Name kitzelte etwas in meinem Gedächtnis wach. Es dauerte allerdings eine Weile, bis es mir wie Schuppen von den Augen fiel: Spyglass Hill! So hieß der höchste Berg auf Stevensons Schatzinsel. Observation Hill = Spyglass Hill. Die deutschen Übersetzungen würden wohl bei beiden Wörtern auf »Aussichtspunkt« hinauslaufen. Ich erinnerte mich an ein Zitat von Robert Louis Stevensons Stiefsohn Lloyd, das ich im Silverado-Museum in Kalifornien gefunden hatte:

»... ich war gerade damit beschäftigt, eine Karte auszumalen, die ich bereits skizziert hatte. Als Stevenson hereinkam, war ich fast fertig, und mit seinem typischen Interesse an allem, was ich tat, beugte er sich über meine Schulter und hatte die Karte im Handumdrehen ausgearbeitet und beschriftet. Ich werde niemals den Schauer vergessen, der mir über den Rücken lief, als er Skeleton Island und Spyglass Hill einzeichnete, ebenso wenig mein Herzklopfen, als er die drei roten Kreuze markierte – und den Gipfel der Erregung, als er das Wort ›Schatzinsel‹ in die rechte obere Ecke der Karte schrieb. Und er schien darüber auch so viel zu wissen, die Piraten, die vergrabenen Schätze, den Einsiedler auf der Insel ...«

Erläuternd hatte man im Museum angefügt: »Drei Tage, nachdem er die Skizze für Lloyd fertiggestellt hatte, schrieb Robert Louis Stevenson auch die ersten drei Kapitel, die er allabendlich seiner Familie vorlas, die noch weitere Ideen beisteuerte.«

Dieses Zitat hatte lange für den Glauben gesorgt, dass *Die Schatzinsel* eine freie Erfindung von Robert Louis Stevenson und nur aufgrund von Lloyds Karte entstanden sei. Für mich waren die Zeilen eher der Beweis für das Gegenteil: »... er schien darüber auch so viel zu wissen, die Piraten, die Schätze ...«

Es mag sein, dass die Karte Stevenson dazu inspirierte, sein Wissen preiszugeben. Skeleton Island, Spyglass Hill, Billy Bones – alles Namen, die mit der Kokosinsel in Verbindung zu bringen waren.

Stevensons Schatzkarte legte den zwingenden Schluss nahe, dass die mir inzwischen wohlbekannte Insel nicht nur Stevensons Schatzinsel war, sondern dass die Karte tatsächlich Hinweise auf den Schatz enthielt. Eine Schlussfolgerung, an der Peter Disch-Lauxmann in den Wochen vor seinem Tod gearbeitet haben musste und für die auch er Beweise gefunden hatte – Beweise, die mich schließlich auch dem großen Schatz von Lima näher brachten. Der Kirchberg, der Kirchenschatz und die Kirchenbucht sollten sich noch zu einer heiligen Dreieinigkeit verbinden.

Bei unserem letzten Telefonat hatte Lauxmann von dieser Karte gesprochen, einer einzigartigen Schatzkarte aus der Feder von Robert Louis Stevenson, einer Karte, welche die Kokosinsel zeige.

Als ich sein Archiv durcharbeitete, hielt ich innere Zwiesprache mit dem bärtigen Seebären, der sich mehr als die Hälfte seines Lebens mit der Schatzinsel beschäftigt hatte. Es schien mir, als würde mich sein stummes Einverständnis direkt zur Schatzkarte führen. Ich fand ein eher unscheinbares Papier mit einer kleinen Randnotiz, unterzeichnet von Ralph Hancock. Der Name kam mir irgendwie bekannt vor. Es dauerte nicht lange, bis ich das entsprechende Buch in den Händen hielt, das mir viele Jahre zuvor bereits bei Christopher Weston begegnet war: *The Lost Treasure of Cocos Island*, von Julian Weston und Ralph Hancock. Ob es Zufall war, dass Hancock im selben Verlag publizierte wie nur wenige Jahrzehnte zuvor Robert Louis Stevenson? Jedenfalls hatte Hancock Stevensons Karte vom Verlag erhalten. Eine Kopie hatte er an Peter Disch-Lauxmann weitergeschickt – mit der Anmerkung, dass dies die Originalkarte aus Stevensons Feder sei.

Die Ähnlichkeit der Stevenson-Karte mit einer der ersten offiziellen Karten der Kokosinsel von 1793, angefertigt von James Colnett für die Royal Navy, war verblüffend. Darin waren nur die beiden Buchten im Norden deutlich verzeichnet. Alle anderen Details waren wahrscheinlich irrelevant für die Seefahrer, denn nur dort konnten Schiffe sicher vor Anker gehen. In dieser Zeit wurden die einstigen Piratenlager zum Hauptquartier der Walfänger.

Doch abgesehen von der Parallele zu Colnetts Karte faszinierte mich noch etwas anderes an Stevensons Zeichnung: Das Schiff – die *Hispaniola* – lag auf Stevensons Karte im Süden in einer Bucht. Unweit davon, nahe einem Fluss, entdeckte ich ein Schatzkreuz. Es war nicht das einzige auf dieser fiktiven Karte, zwei weitere Schatzorte waren deutlich erkennbar. Drei Kreuze, drei Schatzorte, genau wie in Lloyds Zitat vermerkt – und genau wie auf der Kokosinsel.

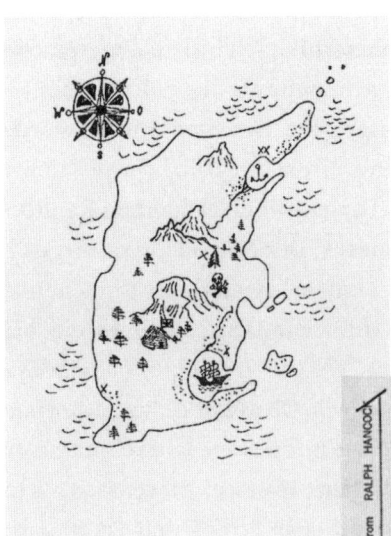

Rechts: Zeichnung von Stevensons Schatzinsel aus der Originalausgabe des Romans von 1883
Links: Die Schatzinsel, mutmaßliche Originalskizze von Robert Louis Stevenson
Unten: »Lieber Peter, anbei findest Du eine Kopie der mutmaßlichen Skizze, die Robert Louis Stevenson seinem Verleger gegeben hat.«

714 / 566-5484

From RALPH HANCOCK

Peter,
This is a copy of the supposed sketch, R.L.S.
gave to his publisher.
My congratulations and best wishes on your recent
35th birthday. How does it feel to be an"old man"
of 35? I celebrated my 35th birthday in Costa Rica
by taking all my friends on a free ride on TACA –
circling over the meseta central, Poas and Irazu.

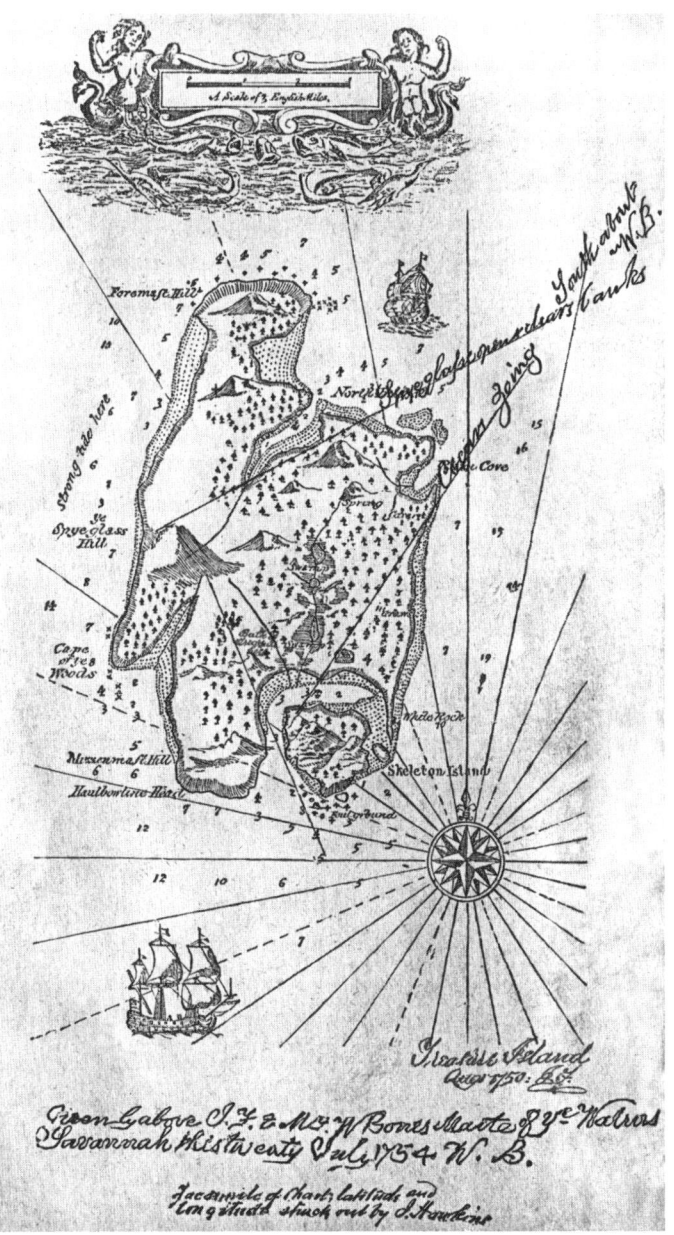

Drei große Schätze auf der Kokosinsel, drei große Schätze auf Stevensons Schatzinsel.

Stevensons Schatzkreuz im Süden seiner Karte ließ mich an meine Expeditionen zur Bahia Iglesias denken, zur Bucht im Süden der Kokosinsel. Eine herrliche Südseebucht, die so schwer zu erreichen war und doch so optimal für ein Schatzversteck. Noch während ich darüber nachdachte, fand ich zwischen den vergleichenden Schatzkarten von Lauxmann eine kleine Notiz auf altem Papier:

Gehe in der Bucht der Hoffnung zwischen zwei Inseln vor Anker, wenn das Wasser genau fünf Faden [ca. 9 Meter] tief ist.
Gehe 360 Schritte den Fluss entlang und wende dich dann nach Nord-Nord-Ost für 850 Yard [ca. 777 Meter], genau dort erscheint, wenn die Sonne untergeht, die Silhouette eines Adlers mit Schwingen als Schattenriss. Die Höhle ist mit einem Kreuz markiert. Dort liegt der Schatz.

Ich bekam eine Gänsehaut, schloss die Augen und versuchte, mich auf die Insel zurückzuversetzen. Doch wo war die Bucht der Hoffnung? Gehörte sie überhaupt zur Kokosinsel? Ich suchte weiter in den Unterlagen und entdeckte eine alte Karte, auf der die Bucht im Süden der Kokosinsel noch ihren ursprünglichen Namen trug: Bahia Esperanza! Ich hatte fast vergessen, dass diese Bucht unterhalb des Kirchberges, bevor sie in Bahia Iglesias umbenannt worden war, Bahia Esperanza, Bay of Hope, Bucht der Hoffnung hieß.

War dieser wildromantische, von Wellenbrechern umtoste Ort der Schlüssel zum Schatz? Ich nahm mir noch einmal alle Karten und Informationen zu Schatzverstecken vor, die ich finden konnte – und es waren nicht wenige. Immer war die Rede von Ankerplätzen im Norden, von Piratenlagern in Bahia Wafer und Bahia Chatham, von falschen Schatzschlüsseln. Dann wieder Hinweise auf einen Schatz in Wafer, die an anderer Stelle als falsche Fährte bezeichnet wurden und angeblich auf die Nachbarbucht Chatham verwiesen.

Ich stellte mir die Frage, ob ich einen Schatz in einer der von Piraten, Walfängern und Schatzjägern so stark frequentierten Buchten verstecken würde, und schüttelte innerlich energisch den Kopf.

Diese beiden Orte im Norden der Insel, die auf allen Karten als Ankerplätze verzeichnet waren, konnten den frühen Piraten zwar als Ausgangspunkt für Schatzverstecke gedient haben, aber ganz sicher nicht für den letzten und größten Schatz, der im 19. Jahrhundert geraubt wurde, als die Insel schon stark von Walfängern frequentiert war. Captain Thompson kannte die Insel wie seine Westentasche und sicherlich auch die Piratenlager und Schatzverstecke im Norden – und er wusste nur zu gut, dass er nicht als Einziger in die Geheimnisse der Insel eingeweiht war. Es musste ihm klar gewesen sein, dass zahlreiche Schatzjäger kommen würden, um auf der Kokosinsel nach Gold zu suchen.

Mehr als 500 Schatzexpeditionen zur Insel wurden gezählt, wahrscheinlich waren es noch viel mehr. Nicht alle waren erfolglos, aber mehr Glücksritter hatten dort ihr Leben gelassen, als Schatzjäger Gold gefunden hatten. Alle Expeditionen führten in diese nördlichen Buchten, der vermeintliche Schlüssel zum Schatz war nach Keatings Tod ein offenes Geheimnis – auch wenn die Expeditionsleiter stets der Meinung waren, im alleinigen Besitz der Schatzkarte zu sein. Die meisten, die Erfolg hatten, richteten sich nicht alleine nach den verschlüsselten Anweisungen, sondern gingen wissenschaftlicher vor oder hatten zusätzliche Informationen, zusätzliche Schlüssel, wie die Karten zu lesen seien. Andere hatten vielleicht auch einfach nur Glück, wie ein Belgier namens Petrus Bergmann, dessen Geschichte ich ebenfalls in Lauxmanns Unterlagen fand:

Nach seinen eigenen Angaben erlitt Bergmann im Jahr 1929 Schiffbruch und landete gemeinsam mit Kapitän Peterson auf der Kokosinsel. Sie waren die einzigen beiden Überlebenden der Havarie der Yacht *Westward*. In den halb zerfallenen Hütten von August Gissler und seinen Siedlern richteten sie sich in der Hoffnung auf baldige Rettung dürftig ein. Zu allem Überfluss wurde der Kapitän auch noch krank, und Bergmann fiel die Aufgabe zu, ausreichend Nahrung zu beschaffen. Auf der Suche nach Früchten und genießbaren Wurzeln streifte er überall im Umkreis der Hütten umher. Bald musste er auch die mühsam zu besteigende Hochebene zwischen Chatham und Wafer in seine Nahrungssuche mit einbeziehen.

Eines Tages trat er mit seinem Fuß plötzlich auf etwas Weiches, und der Untergrund gab nach. Erschrocken zuckte Bergmann zurück. Doch die Neugier trieb ihn zurück zu dem Loch, und vielleicht auch, um seine Angst zu überwinden, schrie er aus vollem Halse hinein. Er konnte sein Echo hören. Die Angst war verschwunden, stattdessen hatte die Neugier vollkommen von ihm Besitz ergriffen. Vorsichtig kroch er in das dunkle, feuchte Loch, das sich als tunnelartiger Eingang zu einer großen Höhle herausstellte. Was Bergmann dann zu sehen bekam, ließ seinen Atem stocken: Aus einer riesigen Grotte glitzerten ihm Unmengen von Gold und Juwelen entgegen. Außerdem fand er Unterlagen, die den Namen Bonito trugen und die er später in einem Safe in San Francisco deponieren sollte.

Bergmann stopfte sich so viel er konnte in die Taschen und eilte zu dem kranken Kapitän zurück. Der arme Mann dachte, er hätte Fieberträume, und brauchte eine ganze Weile, um zu begreifen. Doch anscheinend unterstützte das Gold Petersons Genesung; bald schon ging es ihm besser. Gemeinsam versteckten sie an zwei geheimen Orten einen guten Teil des Schatzes und nähten einen kleineren Teil in ihre Kleider. Das Schicksal wollte es, dass wenige Tage später ein kleines Wrack auf die Insel gespült wurde, wahrscheinlich das Beiboot eines Walfängers. Bergmann und Peterson reparierten es und beschlossen, in See zu stechen.

Kurze Zeit darauf, am 4. Dezember 1929, wurden sie von einem deutschen Dampfer gerettet, der auf dem Weg nach Boston war. Es dauerte eine Weile, bis sie Vertrauen zu Kapitän Karl Heinrich gefasst hatten und ihn in ihr Geheimnis einweihten. Ihr Vertrauen sollte belohnt werden. Heinrich war zwar mit allen Wassern gewaschen, aber letztlich ein feiner Kerl. Die drei einigten sich darauf, dass sie die Beute dritteln würden, wenn Heinrich einen Händler beibrächte, der Gold und Juwelen gegen harte Dollars tauschte.

Heinrich hielt Wort und machte die beiden mit den Gebrüdern Strauss in New York bekannt, die 56 000 Dollar für das Schatzgut zahlten – ein Bruchteil des wahren Wertes des Goldes und der Juwelen, welche die Männer in ihren Kleidern versteckt hatten, aber für damalige Verhältnisse immer noch ein Vermögen. Doch an dem Gold der Kokosinsel schien genauso ein Fluch zu kleben wie an den Schätzen der Pharaonen.

Peterson hatte nicht lange Freude an seinem neu gewonnenen Reichtum. Keine zwei Jahre später starb er in seiner Heimat Portland im Krankenhaus. Auch Bergmann sollte die Insel und den Schatz nie wieder zu Gesicht bekommen. Er knüpfte Kontakte zu einer Schatzjägerfirma und handelte Verträge zur Bergung des restlichen Schatzes mit ihr aus. Eine aufwendige Expedition wurde ausgestattet, ein Schiff namens Varacity vorbereitet – doch der heimliche Expeditionsleiter Bergmann war plötzlich wie vom Erdboden verschluckt. Die *Varacity* lief ohne ihn aus. Das alles berichteten die Zeitungen von Costa Rica, und einer der Journalisten war Julian Weston gewesen, der Bergmann noch kurz vor seinem Verschwinden interviewt hatte. Polizei und Privatdetektive wurden eingeschaltet, doch von Bergmann wurde nie wieder etwas gehört oder gesehen.

Ich musste wieder über die drei Kreuze und die Bahia Iglesias – oder Bahia Esperanza – nachdenken. Bergmann hatte den Schatz ganz sicher nicht dort im Süden gefunden. Grübelnd setzte ich mein Archivstudium fort und fand noch einige weitere interessante Schatzschlüssel:

Von der Mündung des Flusses in der Bucht im Nordosten
gehe 70 Schritte nach Südwesten; dann wende dich nach Norden,
bis du einen Felsen erblickst, der wie eine Klippe aussieht.

Diese Beschreibung bezog sich zweifellos auf eine der beiden nördlichen Buchten.

Von einem Sandsteinblock im Südosten der Bucht, zwischen
einem konischen Felsen und einer Insel, die aussieht wie ein
kauernder Löwe; 140 Faden [ca. 256 Meter] Nord-West-West;
34 Faden [ca. 62 Meter] Süd-West, 80 Fuß Nord und 30 Fuß
von einer schwarzen Klippe.

Ein Wegweiser, der ohne Schatzkarte gar nicht zu verstehen war.

Direkt westlich von Pitt Head liegt eine Flussmündung;
West-Süd-West 30 Faden [ca. 54 Meter] vom Meer
und der Blick direkt nach Norden.

Dieser letzte Schatzschlüssel war eindeutig: Pitt Head war die östliche Spitze der Chatham-Bucht, und etwa einen halben Kilometer westlich davon mündete tatsächlich ein Fluss oder Bach ins Meer.

War dort, keine dreißig Meter von der Flussmündung entfernt, ein Schatzversteck?

Ich wühlte mich durch all diese Fragmente, die zum Schatz führen sollten, studierte die vielen Schatzkarten und saß grübelnd am Schreibtisch, bis mir wieder Eliette Lauxmanns Erzählung einfiel, dass sie von einem der Gründer von Puntarenas abstamme: Jimenez. Seinen Überlieferungen zufolge war die *Mary Dear* versenkt worden und er außer dem Kapitän und dem Maat der einzige Überlebende, da er sich an ein Wrackteil klammern konnte und später von einem Fischer gerettet wurde. Bei der Schilderung der Geschichte war auch eine zusammenhanglose Äußerung gefallen, die Eliette aus der hintersten Ecke ihres Gedächtnisses hervorgeholt hatte und mit der sie selbst nichts anzufangen wusste: der Fluss, der in die falsche Richtung fließt.

Ich hatte diese Worte inzwischen schon oft gehört. Dunkel erinnerte ich mich an meine erste Expedition zur Kokosinsel und Christopher Westons nicht abreißenden Wortschwall. Er hatte später noch etwas anderes gesagt, hatte in ähnlich verschlüsselten Worten von einer anderen Bucht gesprochen. Mir fiel es plötzlich wieder ein: die Bucht mit dem Wasserfall, der verschwindet, wenn man sich nähert. Das war es!

Es gab nur eine Bucht mit einem Wasserfall, der verschwand, wenn man sich ihr näherte: Bahia Iglesias, Bahia Esperanza, die Bucht der Hoffnung. Die Puzzlesteine passten plötzlich zusammen. Der Tidenhub betrug auf der Kokosinsel vier Meter, bei Höchststand drückte das Wasser in den Fluss, der dann scheinbar in die falsche Richtung floss. Der Wasserfall von Bahia Iglesias lag hinter einem bewaldeten Felsvorsprung. Aus der Ferne war der Blick in diese Nische frei und der Wasserfall zu sehen, doch je mehr man sich der Bucht näherte, desto mehr verschwand die Kaskade, bis sie gar nicht mehr zu erkennen war. Das Anlanden an der Bucht war extrem schwierig, das hatte ich bereits am eigenen Leib erfahren. Offenbar hatten die Piraten den Tidenhub genutzt, um die Schätze an Land zu bringen, indem sie bei Flut die Schatztruhen über Bord geworfen und bei Ebbe geborgen hatten.

Und noch etwas hatte mir Eliette von dem überlieferten Wissen ihrer Familie erzählt: Zwischen zwei vorgelagerten Inseln sei der Schatz zu finden. Ich suchte noch einmal die Schatzschlüssel heraus:

Gehe in der Bucht der Hoffnung zwischen zwei Inseln vor Anker, wenn das Wasser genau fünf Faden [ca. 9 Meter] tief ist ...

Den Satz hatte ich zuerst nicht verstanden, doch langsam wurde mir klar, dass der Hinweis auf die Wassertiefe in Zusammenhang mit einem genauen Ort zum Ankern nichts anderes war als ein Hinweis auf die Gezeiten. Wenn die Wassertiefe zwischen den Inseln neun Meter betrug, war der Tidenhub der richtige, um auf Schatzsuche zu gehen. Der Stand von Ebbe und Flut war entscheidend – und die Jahreszeit. Der Tidenhub war nicht das ganze Jahr über gleich. Admiral Cochranes Tagebucheintrag stammte vom 21. August 1821; wenn die *Mary Dear* in jener Nacht mit dem Kirchenschatz von Lima zur Kokosinsel aufgebrochen war, musste sie wenige Tage später dort angekommen sein.

Die Schatzjäger mussten zur falschen Zeit am falschen Ort gewesen sein. Wegen der schwierigen Witterungsverhältnisse fanden die meisten Expeditionen zwischen Dezember und März statt, dann bestanden die besten Chancen auf ein paar trockene Tage. Das Geheimnis lag im Süden der Insel, wo auch Robert Louis Stevenson im Roman seinen Schatz verbarg.

In den Unterlagen fand ich noch eine weitere interessante Randnotiz:

Bahia Iglesias, auch bekannt als Bahia Esperanza, an der Südost-
küste der Kokosinsel, ist die Quelle vieler Geschichten von verbor-
genen Schätzen ...

Beim genauen Studium der verschiedensten Schatzschlüssel wurde
mir klar, dass einige Hinweise sich nur auf die Bahia Iglesias beziehen konnten:

Von der Bucht fließt ein Süßwasserfluss von Süd-West, der
über 200 Yards von seiner Mündung entfernt durch einen Canyon
strömt ...

Aber den entscheidenden Hinweis hatte Lauxmann aus den Giss-
ler-Dokumenten:

Dom Pedro und Cabral liefen stromaufwärts an einem Fluss ent-
lang, bis sie einen Wasserfall erreichten, der von etwa 100 Metern
Höhe herunterstürzte und den sie bereits vom Schiff aus gesehen
hatten. In der Nähe war ein Kokoshain, und darin begruben Dom
Pedro und Cabral den Schatz, und jeder nahm für sich die exakte
Position. Das Loch wurde etwa sechs Meter hinter dem Kokoshain
gegraben und etwa 200 Meter südwestlich der Flussmündung.

Gissler musste diesen Schlüssel in den Unterlagen von Manoel Cabral erst sehr spät entdeckt haben. Nie hatte er bei all seinen ver-
geblichen Schatzjagden in dieser südlichen Bucht der Hoffnung,
der Bahia Esperanza, gesucht. Als er endlich den Schlüssel zum
Schatz gefunden hatte und ihn heben wollte, starb seine geliebte
Frau Mary unter fürchterlichen Qualen. Wie eine Fackel musste
sie vor ihm gestanden haben, und mit ihr verbrannte in August
Gissler jegliche Hoffnung und Abenteuerlust. Nie wieder betrat er

die Insel und suchte nach dem großen Schatz von Lima, nach dem Schatz, der so vielen Menschen Tod und Verderben gebracht hatte.

Nur einem Einzigen haben der Schatz und die Insel Glück, Ruhm und Reichtum beschert: Robert Louis Stevenson.

Ich betrachtete noch einmal die von Disch-Lauxmann gesammelten Unterlagen über Gissler und Stevenson, und mir ging der Gedanke nicht aus dem Kopf, dass es vielleicht August Gissler und Manoel Cabral gewesen waren, von denen die *New York Times* später berichtete, sie hätten oft mit Robert Louis Stevenson zusammengesessen.

Ich weiß nun, wo der Schatz liegt. Da die gezielte Suche danach verboten bleibt, werden es wohl Geologen, Archäologen und Naturwissenschaftler sein, die das Rätsel des größten Piratenschatzes aller Zeiten eines Tages lösen werden – und ich hoffe, dabei zu sein.

Nachwort

E s liegt in der Natur der Dinge, dass das Schicksal einzelner Piraten schlecht dokumentiert ist und sich nicht biografisch exakt nachzeichnen lässt. Mir war es vergönnt, Quellen in aller Herren Länder einzusehen, die es mir ermöglicht haben, völlig neue Aspekte einzuarbeiten und andere zu korrigieren. Besonders wichtig war es mir, Personen der damaligen Zeitgeschichte, deren Leben und Schicksal nachvollziehbar ist und die direkt mit der Schatzinsel in Verbindung stehen, anhand noch nicht oder noch nicht in diesem Zusammenhang publizierter Fakten darzustellen, wie beispielsweise den Seewolf Lord Cochrane. Trotzdem bleibt bei einigen Figuren Raum für Spekulationen, den ich entsprechend genutzt habe und der sich im Text als Erzählform hervorhebt.

Ich bin sicher, durch meine jahrzehntelange Recherche einen Schlüssel zum Schatz gefunden zu haben, wobei ich jedoch keinesfalls ein unkontrolliertes Schatzfieber schüren möchte, sondern hoffe, wissenschaftliches Interesse angeregt zu haben. Sollte im Zuge von Forschungsexpeditionen der Schatz eines Tages entdeckt werden, steht er einzig und allein dem Land Costa Rica zu.

In diesem Zusammenhang möchte ich noch auf eine interessante Begebenheit hinweisen: Der berühmte Rennfahrer aus den

Anfängen des Motorsports, Sir Malcolm Campbell, war ebenfalls auf Schatzsuche auf der Kokosinsel, im Jahr 1926. Statt Gold fand er einen archäologischen Schatz, eine Steinmauer, die nach seiner Überzeugung auf die Inkas zurückging. Bei meiner Tiefseefahrt steuerten wir auf einen Unterwasserberg zu, der aussah wie ein versunkener Tempel. Es mag die Natur gewesen sein, die uns einen Streich gespielt hat, doch archäologische, geologische Forschungen gab es bisher kaum auf der Insel. Selbst die Felsen mit ihren Zeichen, Namen und Zahlen wurden noch nicht auf Authentizität und Alter hin untersucht. Beispielsweise, ob die Inschrift von Henry Morgan aus der Zeit des Freibeuters stammt. Die Kokosinsel ist ein lebendiges Laboratorium für die unterschiedlichsten wissenschaftlichen Disziplinen. Den qualifizierten costa-ricanischen Wissenschaftlern fehlt der Etat für aufwendige Expeditionen. Es wäre an der Zeit, das Land, dem wir zu verdanken haben, dass dieses Naturwunder und kulturelle Erbe noch weitgehend unangetastet ist, bei der Erforschung desselben zu unterstützen.

Dank

Ich danke all den Wissenschaftlern und Schatzjägern, die mich inspiriert und informiert haben, vor allem Christopher Weston, außerdem dem Autor Jack Fitzgerald, Eliette Disch-Lauxmann und posthum Peter Disch-Lauxmann. Vor allem bedanke ich mich bei der costa-ricanischen Regierung, dem Direktor der Kokosinsel, der Stiftung Marviva, der Besatzung der *Okeanos* und der *Underseahunter* mit dem Tauchboot *Deep Sea,* und bei den Sendeanstalten *ARD* und *ZDF*. Ohne ihre Unterstützung hätte ich weder die Artikel noch die Filme über die Schatzinsel realisieren können, geschweige denn dieses Buch. Sie alle haben an mich geglaubt und sind inzwischen mehr für mich als Interviewpartner und Förderer. Ich danke auch Dr. Richard Gissler, der mir beim Schreiben dieses Buches noch ein paar entscheidende Hinweise über seinen Vorfahren August Gissler gegeben hat. Mein besonderer Dank gilt meiner Familie, die meine abenteuerlichen Reisen stets befürwortet hat, vor allem meinen beiden Jungs, denen ich die Kokosinsel eines Tages im Rahmen einer wissenschaftlichen Expedition zeigen möchte. Und vielleicht, wer weiß, stoßen wir dabei ja doch noch auf den Schatz.

Anhang

Die Geschichte der Kokosinsel im Überblick

1525

Entdeckt wird die Kokosinsel wahrscheinlich zwischen 1525 und 1530 von dem spanischen Seefahrer Joan Cabezas.

1542

Die erste Seefahrtskarte wird von Nicolas Deslien angefertigt. Die Insel wird »Isle de Coques« genannt.

1578

Sir Francis Drake, der »Pirat im Dienste der Königin Elisabeth«, läuft Kokos bei seiner Weltumsegelung mit der *Pelikan,* die er dann in *Golden Hind* umbenennt, an.

1683–1702

Zwanzig Jahre dauert die Piratenkarriere des berühmten englischen Freibeuters Captain Edward Davis zusammen mit William Dampier und Dr. Lionel Wafer, und sie machen die Kokosinsel zu ihrem Hauptquartier. Mit der *Bachelors Delight* umrunden sie 1684 Kap Hoorn und setzen ihre Kaperzüge im Pazifik fort. Sie erbeuten ausschließlich Schiffe der spanischen

Flotte und halten sich damit an die Regeln des Kaperbriefes.
So kann das Schiff gefahrlos englische Stützpunkte anlaufen.

1793

Captain James Colnett fertigt für die englische Krone die erste
kartografischen Ansprüchen genügende Karte der Insel an.

1816

Benito Bonito – der Pirat mit dem blutigen Schwert, der Schrecken des Pazifiks – entstammt wahrscheinlich einem adligen
portugiesischen Haus und spricht mehrere Sprachen fließend.
1816 heuert er als Offizier eines portugiesischen Handelsschiffes an und wird wenig später von dem französischen Piratenschiff *Renard* gekapert. Nach einer erfolgreichen Meuterei
wird er selbst zum Piratenanführer. Sie umrunden Kap Hoorn
und kapern von dort bis Mexiko jedes Schiff, das ihre Wege
kreuzt. Auch Benito Bonito entdeckt die Vorzüge der Kokosinsel und macht sie zu seinem Hauptquartier. Die Gewässer
vor Panama und Costa Rica sorgten für ertragreiche Beute in
strategisch günstiger Nähe. Schätze im damaligen Wert von
17 Millionen Dollar sollen die Piraten unter Benito Bonito dort
angehäuft haben, bis sie von den Spaniern überwältigt werden.

1818

Captain Bennett Graham wird von Lord Nelson als Freibeuter
im Namen der englischen Krone in den Südpazifik geschickt.
Angeblich hält er sich nicht an die vertraglichen Vereinba-
rungen und kapert auch englische Schiffe. Dadurch wird er
zum geächteten Piraten. Die Kokosinsel wird in dieser Zeit zu
seinem Hauptquartier. Insgesamt soll Graham dort Tonnen
von erbeutetem Gold, Silber und Juwelen mit einem geschätz-

ten Gesamtwert von 160 Millionen Dollar verborgen haben. Zu seiner Mannschaft gehört auch eine Frau, Mary Welch, wahrscheinlich seine Geliebte. Als die Piraten bei einem ihrer Raubzüge gefasst werden, kommt Graham angeblich ums Leben, und Mary Welch wird in eine Strafkolonie in Tasmanien gebracht. Zwanzig Jahre später wird sie freigelassen und geht sofort auf Schatzsuche – allerdings erfolglos.

1821

Am 19. August 1821 erbeutet Captain Thompson im Hafen von Callao den sagenumwobenen großen Kirchenschatz von Lima. Unermessliche Reichtümer wollen die Spanier vor den Aufständischen in Sicherheit bringen und in die spanische Heimat überführen, doch stattdessen versteckt Thompson den Kirchenschatz auf der Kokosinsel. Danach gibt es mehr als 500 erfolglose Schatzexpeditionen auf die Insel, um diesen gigantischen Schatz zu heben.

1824

Die spanische Vorherrschaft in Mittel- und Südamerika endet mit der Schlacht von Ayacucho endgültig.

1832

Charles Darwin besucht die Kokosinsel auf seiner Forschungsreise mit der *HMS Beagle.*

1841

John Keating startet mit dem Schiff *Edgecombe* von Neufundland aus eine angeblich erfolgreiche Schatzexpedition zur Kokosinsel.

1846

Keating veröffentlicht, dass er den Schatz auf der Kokosinsel gefunden habe.

1856

Ende der Piratenära. Durch eine internationale Deklaration in Paris werden Kaperbriefe geächtet und dürfen nicht mehr ausgestellt werden. Nur die USA, Spanien und Mexiko schließen sich nicht an. Trotzdem gilt diese Jahreszahl als offizielles Ende der Freibeuter, der Piraten im Dienste der Majestät.

1869

Costa Rica annektiert offiziell die Kokosinsel und hisst die Landesfahne. Bis zu diesem Zeitpunkt war die Insel Niemandsland – jeder konnte kommen und gehen, wie er wollte.

1879

Die costa-ricanische Regierung installiert eine Strafkolonie auf der Kokosinsel, bricht das Unterfangen aber nach drei Jahren wieder ab. Der Schatzjägerboom auf die Insel beginnt – oder wird erstmals wirklich registriert. Robert Louis Stevenson reist in dieser Zeit nach Kalifornien, um auf die Scheidung seiner geliebten Fanny Osbourne zu warten. Er verbringt viel Zeit im Hafen von San Francisco. In dieser Zeit kehrt auch der Schoner *Vanderbilt* nach erfolgloser Schatzexpedition zur Kokosinsel nach Kalifornien zurück. Diese und andere Expeditionen zur Kokosinsel machen Schlagzeilen. James Alexander Forbes, der mutmaßliche Maat von Captain Thompson, lebt noch in Kalifornien. Er stirbt erst 1882.

1880

Der Deutsche August Gissler beschließt, zur See zu fahren. Auf einer Reise um Kap Hoorn im selben Jahr hört er zum ersten Mal von der Kokosinsel und den sagenhaften Schätzen, die dort verborgen liegen sollen.

1883

Die Schatzinsel von Robert Louis Stevenson erscheint.

1889

Schatzjäger August Gissler begibt sich mit Genehmigung der costa-ricanischen Regierung auf Schatzjagd zur Kokosinsel – nicht nur für eine Expedition, sondern für ein halbes Leben.

1891

Gissler erhält von der costa-ricanischen Regierung das offizielle Recht, die Insel zu bewirtschaften. Im gleichen Jahr startet die Harvard-Universität die erste gründliche wissenschaftliche Expedition zur Koksinsel.

1894

Gissler bringt deutsche Siedler auf die Insel, baut Hütten und legt Plantagen an.

1897

Gissler wird von Präsident Yglesias Castro offiziell zum Gouverneur der Insel ernannt, Verträge über Landbesitz und den Schatz werden ausgehandelt. Im selben Jahr kommt Keatings Witwe Elisabeth Brennan auf die Insel, um nach dem Schatz zu suchen.

1908

Gissler und seine Frau verlassen die Insel nach fast zwanzig Jahren, um ihren Lebensabend in New York zu verbringen.

1935

Präsident Roosevelt besucht die Insel zum ersten Mal, 1938 und 1940 kehrt er für weitere Schatzexpeditionen zurück.

1954

Hans Hass kommt mit seiner Expedition »Unternehmen Xarifa«, die er in dem gleichnamigen Film festhält, auf die Insel. Als er Kokos besucht, sind noch Überreste der Gissler-Hütten zu sehen. Jahrzehnte später erzählt er mir, dass diese Expedition, vor allem die Unterwasserwelt vor der Insel, zu den beeindruckendsten Erlebnissen seines Lebens gehörte.

1958

Der costa-ricanische Präsident Figueres lässt eine Bucht der Kokosinsel nach dem Journalisten Julian Weston benennen – als Anerkennung für seine Recherchen über die Geschichte der Insel. Auch Gissler bekommt ein Denkmal gesetzt: Roca Gissler und Bahia Weston sind fortan feste Bestandteile geografischen Kartenmaterials von Kokos.

1976

Philippe Cousteau erforscht die Meereswelt rund um die Insel.

1978

Die Kokosinsel wird zum Nationalpark erklärt.

1984

Der Nationalpark wird um eine Zwölf-Meilen-Zone rund um die Insel erweitert.

1988

Meine erste Expedition zur Kokosinsel.

1997

Die Kokosinsel wird von der UNESCO zum Weltnaturerbe erklärt.

2003

Die Kokosinsel wird Bestandteil des internationalen marinen Korridors ETPS (Eastern Tropical Pacific Seascape).

Quellennachweis

S. 23, 31, 69, 71, 80, 81, 196
  © Eliette Disch-Lauxmann
S. 50
  © Private Collection / Peter Newark Historical Pictures /
  The Bridgeman Art Library Nationality
S. 182
  © Private Collection / Peter Newark Pictures /
  The Bridgeman Art Library Nationality
S. 171
  © ullstein bild – Granger Collection
S. 3, 13, 21, 47, 65, 91, 119, 141, 151, 169, 193, 197 sowie Einband
  © ullstein bild – Lebrecht Music & Arts Photo Library

S. 92, 93, 97
  Stevenson, Robert Louis: *Die Schatzinsel.* Aus dem Englischen
  neu übersetzt und mit Anmerkungen versehen von
  Friedhelm Rathjen. Zürich: Haffmans 1997. © der deutschen
  Übersetzung Friedhelm Rathjen.

88   86

Nicoya

Guardiankuppe

P A Z I F I S C H E R   O Z E A N

10

8

K o k o

87° W

■ Klippen
▨ Sand

Nuez Island
Chatham
Cascara Island   *Bay*   Conic Island
5° 33' N   Dirty Rock   *Wafer Bay*   5° 33' N
Siedlung (verlassen)

Mt. Yglesias
2788 ft
Lionel   *East Point*
Head   1574 ft
Water Island
                      Isla del Coco
                   Submerged Rock

6

                0   1   2 km
Dampier Head   87° W

Isla del Coco
(Costa Rica)

88   86